지켜야 할 약속

암웨이 사의 놀라운 성취와 그 비결

제이 밴 앤델, 리치 디보스, 찰스 폴 콘 저

용안 미디어

지켜야 할 약속
암웨이사의 놀라운 성취와 그 비결

제이 밴 앤델. 리치 디보스. 찰스 폴 콘 저

옮긴이: 이행록

초판 인쇄 / 1994년 10월 1일
초판 발행 / 1994년 10월 1일
개정판 발행 / 2017년 7월 20일

발행처 / 용안 미디어

(135-081) 서울 강남구 역삼동 696-25 영성빌딩 3층
전화 / 010-6363-1110
팩스 / (02)6442-7442
등록 / 제16-837호
이 책은 저작권법에 의해 한국내에서 보호받는 저작물이므로
본사의 허락없이 무단전재, 복제, 전자출판등을 금합니다.

* 잘못된 책은 바꿔드립니다.　　정가:8,000원

지켜야 할 약속

암웨이 사의 놀라운 성취와 그 비결

제이 밴 앤델. 리치 디보스. 찰스 폴 콘 저

용안 미디어

차 례

1. 암웨이를 지켜본 사람의 고백 ———— 7
2. 파트너 ———————————— 17
3. 약속 ————————————— 27
4. 변화를 향한 선택 ——————— 33
5. 암웨이의 얼굴들 ——————— 41
6. 또 다른 파트너십 ——————— 49
7. 세 2 세대 —————————— 59
8. 양키가 오고 있다 ——————— 69
9. 암웨이에 대한 서른네 가지 질문 ——— 75
10. 군중속의 얼굴들 ——————— 139

1
암웨이를 지켜본 사람의 고백

이 책에 굳이 부제를 붙인다면 "도대체 암웨이란 어떤 기업이기에 그렇게 많은 사람들이 관심을 가지고 어떤 사람은 암웨이에 대하여 칭찬을 하고 또 어떤 사람은 험담을 하는가?"가 될 것이다. 그러나 이러한 부제는 책 제목으로는 다소 어울리지 않는다. 만일 그렇게 한다면 일부 사람들은 많은 사람들의 관심사에 너무 자극적인 제목을 붙였다고 비난할 지도 모른다. 그래서 나는 너무 자극적이지 않는 "암웨이 사의 놀라운 성취와 그 비결"이라는 다소 평이한 제목에 만족하기로 했다.

제목이야 어찌됐든 여러분은 오늘날 가장 미국적인 삶을 대표한다고 할 수 있는 암웨이 사에 대해 마음이 끌려 이 책을 집어들었을 것이다. 겉으로 보기에는 한 기업의 이야기에 지나지 않지만, 사실 이 이야기는 1980년대에 그 존재 여부에 대하여 가장 폭넓고도 격렬하게 논의되었던 화제 중의 하나였다.

많은 사람들은 암웨이에 대하여 한번쯤은 들어 알고 있을 것이다. 암웨이는 무명의 비누 회사로, 어느 지하실에서 출발하여 미국은 물론 일본과 독일, 한국, 중국, 러시아, 유럽 등 전세계

80여개 국가의 사람들 대화에서 빠지는 법이 없게 되었다. 암웨이가 초라한 지하실에서 출발하여 그렇게 빠른 시간에 그같은 관심의 초점으로 대두되리라고는 아무도 예상하지 못하였다. 이 일은 암웨이가 미국에서 시작하였기 때문에 가능한 일이었으며, 암웨이의 주요 간부가 계획한 것도 아니고, 오히려 그들조차도 예측하지 못한 일이었다.

암웨이의 이야기가 한 기업이 성공해서 돈을 많이 벌었다는 식의 이야기에 지나지 않는다면, 이 책 역시 다른 수많은 미국 기업의 역사를 다룬 책과 다를 바 없을 것이다. 제이 밴 앤델과 리치 디보스 말고도 소규모로 사업을 시작하여 부를 축적한 사람들은 수도 없이 많으며, 암웨이 외에도 기업가의 아이디어가 하루 아침에 국제적으로 유명한 브랜드가 된 경우도 얼마든지 있기 때문이다. 기회의 나라 미국에서는 이와 같은 기업들의 성공담은 너무도 흔한 일이다. 그러나 암웨이의 성공은 그런 기업 성공담과는 차원이 다르다고 할 수 있다.

그 이유는 암웨이의 사업방식이 월마트 스토어나 도미노 피자와 애플 컴퓨터 사와는 사람들을 대하는 방식부터가 다르기 때문이다. 다른 회사들 역시 경탄할 만한 기업 신화를 가지고 있다. 그렇지만, 등장 인물이 너무 적다. 기껏해야 몇 명 또는 수십 명이거나 많아야 수백 명 정도이다. 황금색으로 장식된 선전용 아치를 뽐내며 수백 억개의 빅맥 햄버거 매출을 기록했다고 텔레비전에서 떠들어대는 맥도널드사 조차도 암웨이만큼 여러 사람들의 인생을 바꾸어 놓지는 못했다.

암웨이 이야기에는 수백만 명의 사람들에 관한 이야기를 빼

놓을 수 없다. 대형 스크린에 전개되는 미국식 삶에 대한 이야기이니까 말이다. 이 이야기는 넓은 컨벤션 홀에서 서로 깊은 관심을 갖고 있는 수천 명의 사람들이 함께 모여 손을 잡고 노래를 부르며 심지어는 서로 감동하여 눈물을 흘리기도 하는, 그런 사람들의 이야기이다.

한번은 텔레비전 토크쇼가 전국적으로 방영되었는데, 그때 방청객들은 암웨이에 대한 자신들의 의견을 너무나 말하고 싶어서 서로 마이크를 달라고 아우성이었다. 이 책은 방청객을 그렇게 만든 그 기업에 대한 이야기이다. 만약 라디오 토크쇼 진행자가 어느 날 오후 너무 지루해서 전화 오기를 기다린 심도가 된다면 좋은 방법이 하나 있다. 바로 암웨이가 오늘의 주제라고 방송하는 것이다. 그러면 청취자의 전화가 엄청나게 몰려들어 그 라디오 프로그램의 인기는 하늘 높이 치솟을 것이다.

도대체 암웨이란 어떤 기업이기에, 그렇게 많은 사람들이 한편에서는 찬사를 보내고 또 한편에서는 비난을 하는 사람들이 있는 것일까?

암웨이는 많은 사람들에게 무서시 얼굴을 가진 천사와 악마의 모습으로 비춰지고 있다.

암웨이에 대해 잘 모르는 한 개인의 암웨이에 대한 개인적 비판은 숲은 보지 않고 나무만을 본 결과일 수도 있다.

힌두교도 네 명의 소경 이야기를 기억하는가? 그들은 각각 코끼리를 손으로 만져보고 코끼리를 설명하였다. 한 사람은 코끼리 꼬리를 만지고, 다른 한 사람은 다리를, 또 한 사람은 코끼리 코를, 나머지 한 사람은 옆구리를 만졌다. 그리고 나서 자신이 만져본 코끼리가 맞다고 서로 다른 주장을 하면서 상대방을 비난하였다. 한마디로 장님들의 코끼리 만지기이다.

　사람들이 암웨이에 대하여 말할 때 그들이 암웨이의 어떤 면을 경험하였는가를 아는 것은 매우 중요하다. 그들이 어떤 사실을 믿는가는 경험한 부분이 어떤 부분인가에 따라 다르기 때문이다. 우리는 암웨이를 아주 단편적으로 접했던 사람들이 그 단순한 상황에서 얻은 느낌을 암웨이에 대한 고정 관념으로 가지고 있는 것을 자주 볼 수 있다. 이들이 암웨이에 대하여 말할 때면 마치 이제까지 다른 사람들은 한번도 가본 적이 없는 땅에 대하여 이야기하는 것처럼 들릴 것이다. 그곳은 완전히 낯설고 미지에 싸여있어 잘 알고 있는 암웨이와는 전혀 다른 암웨이인 것처럼 들리는 것이다.

　암웨이 사람들은 그러한 사실에 대하여 누구보다도 더 잘 이해한다. 암웨이에 대한 인식은 사람들이 어떤 암웨이를 보았느냐에 따라 달라지며 암웨이에 대해 암웨이는 이런 것이다 하고 쉽게 결론을 내리면 내릴수록 그 결론은 잘못된 경우가 많다.

　암웨이의 광고 대행업자와 광고회사 사람들은 그러한 사실들을 잘 알고 있으며, 항상 그러한 오류를 염려하고 있다. 그래서 그들은 우리가 라디오와 텔레비전, 잡지 등에서 듣고 볼 수 있는 다음과 같은 슬로건을 개발해냈다.

　"오늘날의 암웨이—그 모든 이야기".

　6시 텔레비전 뉴스에 나오는 간추린 소식이 아닌 하나의 프로그램을 장식하는 테마다. 따라서 암웨이에 대한 이야기는 어떤 부인이 자기 아들 친구의 친구가 이발사인데 그 이발사가 암웨이에 다니고 있는 한 사람을 알고 있다는 식의 그런 단편적인 이야기로는 암웨이를 설명하기에 충분하지 않다.

이 슬로건을 고안해낸 광고인들은 그 문제점을 잘 파악하였다. 문제의 원인은 바로 시각의 차이라는 것을 안 것이다. 세상에서 가장 쉬운 일은 코끼리의 꼬리를 쥐고서 그것이 뱀이라고 장담하는 일이다. 너무나 많은 지식인들이 암웨이에 대하여 나름대로는 지지하지만 서로 크게 엇갈린 주장을 한다는 것은 시각의 차이보밖에는 설명되지 않는다.

이 책에서 나는 암웨이에 대하여 이야기하려고 한다. 독자가 암웨이에 대한 나의 시각이 어떤 것이라고 파악하는 것만이 암웨이를 공정하게 이해하는 길일 것이다.

나는 암웨이의 사업자도 아니며 암웨이 사업에 대한 경험도 없다. 그러면 영업부 이외의 암웨이 직원이었느냐 하면 그것도 아니다. 나란 나는 작가일 뿐이다. 나는 흥미로운 일을 발견하여 글로 소개하는 것으로 삶을 영위해 가는 사람이다. 참 편한 직업이라고 생각할지 모르겠지만, 분명히 말하건대 그렇지 않다. 내가 변하지 않은 이유는 내 관심사와 사람들의 관심사가 다를 때가 많다는 데에 있다. 사람들이 완전히 푹 빠져있는 일에 대해 나는 거의 흥미를 느끼지 못하는 경우가 많다. 영국 싱어송라이터 보이 조지나 못생긴 양배추 인형이 그런 경우다. 그런가 하면 나를 완전히 사로잡은 것이 있어서 그것에 대해 재미있고 길게 썼는데 대중은 매우 지루하게 느낄 때가 많다.

그런데 암웨이에 관해서는 변덕스러운 대중과 나의 관심이 똑같이 들어맞았다. 암웨이는 나와 같이 평범한 문제에 관심이 없고 논란의 소지가 있는 주제이기 때문일 것이다.

 나 자신이 암웨이 사람이 아니기 때문에 암웨이에 대한 정보가 다소 한정되어 있을 터이지만 그렇다고 해도 모르는 것은 그다지 많지 않을 것이다. 지난 여러 해 동안 나는 전문적으로 암웨이를 관찰하고 조사하였으므로, 내가 발견하지 못하고 놓친 암웨이 이야기는 거의 없을 것이다. 나는 코끼리 코를 당기기도 하고 코끼리 몸에 기대기도 하였으며, 그 코끼리 다리에 기어오르다가 갑자기 꼬리를 잡아당기고, 그 등에 한두 번 올라타기도 했다. 따라서 나는 암웨이라는 동물의 성격을 어느 정도는 안다고 생각한다.

 서머셋 모옴은 그의 저서 위기(The Razor's Edge)에서 한 인물을 통하여 이와 같은 일에서 작가가 취할 수 있는 유리함을 다음과 같이 묘사했다.

 "다른 작가들도 모두 공감하는 일이지만, 사람들은 남에게 절대로 말하지 않는 사실을 작가에게만은 알려 준다."

 물론 그의 말이 옳다. 나는 암웨이의 안팎에 있는 사람들, 승자와 패자 그리고 그 중간인 사람들 수백 명과 대화를 나누었고 그들은 남들에게는 하지 못할 이야기도 내게는 해주었다.

 누구든 적당한 장소에 자리를 잡고 귀기울여 듣기만 한다면 너무 서두르기만 하는 취재기자들은 꿈도 못 꿀 암웨이에 대한 정보를 한두 가지 정도는 알아낼 수 있다.

 듣고 조사하는 가운데 나는 어렵지 않게 나 자신의 관점을 가질 수 있었다. 아마 정보를 충분히 수집하고 조사하여 검토한 사람이 이를 토대로 결론에 도달하는 것은 지극히 자연스러운 일일 것이다. 나의 결론을 애써 숨길 생각은 없다. 사실 모든 작가들은 한 이야기 안에 자신만의 관점을 집어넣고 싶어한다. 암웨이 이야기에 대한 나의 생각은 긍정적인 것이다. "암웨이의 세계"를 구석구석 그리고 모든 틈바구니를 쑤시고 다닌 결과, 내가 얻은 결론은 암웨이를 하는 사람들은 한번 한 약속은 반드시 지키는 정직하고 존경할 만한 사람들이라는 것이다.

나는 암웨이 사람은 아니시만 옛날 같으면 "암웨이 지지자"로 불렸을지도 모른다. 그러나 그것은 글쓰는 사람으로서 갖게 된 시각이지, 암웨이 내부인으로서나, 외부인으로서 자신이 경험한 암웨이를 좋아하게 된 사람의 시각은 아니다. 나는 나의 감각적인 외부를 저버린 적이 없으니와 암웨이에 대하여 비판의 눈길을 베어본 적도 있다. 이 주제에 대한 시견이 있는 것도 사실이지만 그것은 공정한 사견이다. 다른 사람들이 암웨이를 지켜보고 나와 다르게 글을 쓴다고 하더라도 그들 역시 정직한 것이다.

· · · ·

그렇다면 도대체 암웨이의 정체는 무엇일까?

어느 날 듣도 보도 못한 이 암웨이라는 단어는 갑자기 세상 모든 사람들이 사용하는 말이 되었다. 생방송 시간의 몇 초를 할애받기 위해 또는 전국적으로 배포되는 잡지에 암웨이라는 단어가 들어가도록 하기 위해 동분서주했던 암웨이 홍보 담당자들이 어느 날 깨어보니 그들의 상호가 누구에게나 친근한 단어가 되어 있었다는 것이다.

그런데 요즈음에는 암웨이에 관한 농담이 유행이다.

… 레나 혼이 브로드웨이 청중들에게 자신이 얼마나 심하게 땀을 흘렸는지 암웨이만이 옷의 얼룩을 지울 수 있을 것이라고 말하자 청중들은 배꼽을 잡고 웃는다.
… 시어머니가 암웨이 사업자에게 5시간씩이나 잡혀있는 날은 하루를 완전히 망치는 날이었다고 어마 밤베크가 말한다.
… CBS의 뉴스 리포터 필 존스는 민주당 전당대회를 취재 하면서 한 후보의 정책대안은 너무 복잡해서 "암웨이의 경영 기획안에 맞먹을 정도인 것 같습니다"라고 말하기도 한다.
… 한때 "지하실의 녹음테이프(The Basement Tapes)"라는 정치 풍자극이 뉴욕에서 오프브로드웨이 무대에 올려졌는데, 주인공인 미국 전 대통령 제럴드 포드는 한 지하실에서 암웨이 사업을 벌인다. 라고 풍자 하기도 했다.
… 콜로라도 상원의원인 게리 하트는 선거 운동원들에게 더 열심히 해줄 것을 독려하면서 다음과 같이 말했다. "여기 있는 모든 사람이 오늘밤 열 명의 친구들을 불러와서 그 열 명의 친구들에게 열 명의 친구들을 데려 오라고 하고 또 그 열 명의 친구들에게 또 다른 열 명의 친구들을 데려올 것을 권한다면 우리는 순식간에 암웨이의 판매망을 갖게 되는 것입니다."
… 리 스미스가 쓴 베스트셀러 "오럴 히스토리(Oral History)"에서 전직 미식축구 선수였던 엘은 암웨이 물건을 팔아서 떼돈을 번다.
… 히피족 시대의 반전주의자 역시 암웨이를 인용하고 있다. 전에 무정부주의자였던 제리 루빈은 맨하턴 디스코의 스튜디

오 54에서 가진 기자회견을 통해 자신의 포부를 말하면서, 자신은 앞으로 미식가를 위한 신종 다이어트 식품 사업을 하고 싶다고 발표했다. "그 사업은 세계에서 가장 큰 조직을 갖게 될 것입니다. 암웨이보다도 더 큰 조직 말입니다."라고 그는 말했다.

이만하면 충분히 증명이 되지 않았는가? 한심한 풋내기 개혁가가 암웨이만큼 성장하겠다는 꿈을 꾸기 시작한다면, 그것은 분명히 암웨이가 이 시대 대중문화의 일부가 되었음을 증명하는 셈일 것이다. 사람들은 언제나 세상의 흐름에 민감하기 때문에 그들이 가는 암웨이에 대한 관심은 물건을 많이 팔았다고 해서 생기는 것만은 아니다. 500대 기업에 속하는 대부분의 회사들이 기업이라는 조직을 통하여 돈을 더 많이 버는 데에 초점을 맞추고 있다. 그러나 그들의 이름이 그 회사의 직원들 이외의 많은 사람들에게 알려지는 경우는 드물다. 어찌됐건 많은 사람들의 입에서 암웨이라는 단어가 친근하게 사용되고 있다.

암웨이를 뉴스 거리가 되게 만든 암웨이 사람들, 그리고 이 사람들을 무장하고 동기를 부여하고 변화를 시킨 암웨이 방식이 전에는 무명이었던 회사를 전 세계가 관심을 갖는 회사로 만들어 놓았다. 수백만 명의 암웨이 사람들의 경험이 모이지 않고서는 암웨이는 존재할 수 없다. 그 수백만 명 중의 일부는 우리 이웃에 살거나, 함께 일하는 동료이거나 어쩌면 우리의 가족일 수도 있다.

그러나 일단 우리가 암웨이를 이해하려면 두 사람의 인물에 초점을 맞추는 일부터 시작해야 한다. 우리가 초점을 맞추려는 인물은 암웨이 사업을 시작한 리치 디보스와 제이 밴 앤델이다.

2
파트너

오늘날 수많은 대기업들은 누가 그 기업을 이끌어 가는지 하는 것에 대해 중요하게 여기지 않는다. 그러나 암웨이에 있어서 누가 무엇을 하는가 하는 사실은 매우 중요하다. 독자차세도 암웨이는 제이 배 앤델과 리치 디보스 두 사람이 이끌어 왔으며 지금은 2세들이 그 뒤를 이어 이끌어나가고 있다.

이들 두 사람은 함께 암웨이를 창업했고 암웨이에서 그날그날 일어나는 일들을 감독하여 왔었다. 그러나 이들이 암웨이에서 중요한 이유는 이들이 회사에서 차지하고 있었던 지위 때문만은 아니다. 이들은 암웨이가 수백만 명의 사람에게 제시하는 모든 약속과 꿈에 실히 숨는 상징으로서 보다 중요한 의미를 갖는다. 이들은 암웨이의 불씨를 지키는 사람들이다. 암웨이 사의 수만 명의 직원들에게는 최고 경영자이며, 더 나아가 해외에서 활동하고 있는 사업자들에게는 그야말로 영웅이다.

동업자로서의 디보스와 밴 앤델의 관계는 1940년, 미시건주 그랜드 래피즈의 고등학교 시절부터 시작되었다. 거의 반세기가 지나 2004년 80세의 나이에 밴 앤델이 세상을 떠날때 까지도 그들은 이웃해 있는 사무실에서 일하고, 옆집만큼이나 가까운 거리에서 살고 있었으며 오늘날 다국적 기업으로 성장한 암웨이의 모든 사항을 함께 의논하고 결정하였다.

이들의 관계는 "파트너" 그 자체라고 할 수 있다. 이 두 사람은 서로가 동등한 위치임을 너무나 잘 인식하고 있었으며, 보다 우위에 서려고 하거나 우위에 있는 것처럼 보이려고 하지 않았다. 그것은 너무나 오랫동안 파트너로 지내와서, 자동적으로 힘의 균형이 이루어지는 것과 같다. 권력이나 세인의 관심이 어느 한쪽으로 쏠리게 되면 일반적으로 공동 경영 체제에 위기가 올 수도 있지만 둘 사이에서는 그런 일이 결코 발견되지 않았다.

밴 앤델과 디보스에게 있어서 삶은 언제나 50대 50이었다. 이 법칙은 마치 호메오스테이틱 메커니즘(생체 내에서 균형을 유지하려는 경향)처럼 그들의 뇌리 속에 깊이 박혀 있었던 것 같다. 그들은 오랫동안 그런 식으로 지내왔으므로 균형을 유지하기 위해 새로운 조치를 취할 필요는 없었다. 암웨이에서 밴 앤델과 디보스는 둘 다 최고 경영자의 위치에서 일했다. 이들의 역할을 기능적으로 구분하려 해도 잘되지 않는다. 이들은 회사를 100% 공동으로 소유하면서, 최고 경영자의 역할도 함께 해 나갔다. 그들의 공동운영 방식을 설명하던 한 직원은 밖에 지나가는 작은 트럭을 가리키며 말했다.

"저기 저 조그만 트럭이 보이십니까? 그 두 사람은 저 차가 저기 있는지도 모를 거예요. 하지만 저 차의 반은 리치 디보스 것이고 나머지는 제이 밴 앤델의 소유죠. 우리도 그 사실을 잊지 않으려고 노력하고 있답니다."

· · ·

리더스 다이제스트는 이들을 "암웨이의 네덜란드 쌍둥이"라고 부른다. 밴 앤델과 디보스는 성장 배경도 비슷하다. 이들은 각각 네덜란드에서 서부 미시건 주의 그랜드 래피즈로 이민 온 가정에서 자라났다. 네덜란드인들은 그 지역사회에 깊은 영향력을 미치고 있었으며 그들의 생활풍습이 깊숙이 침투하고 있어서 근처의 네덜란드인 마을에서는 네덜란드적인 전통을 상품으로 하는 관광회사를 세우기도 했다. 그랜드 래피즈의 전화번호부는 암스테르담 시내 전화번호부로 착각할 정도이다. "Van"이나 "Vander" 같은 네덜란드식 이름들이 너무 흔하니까.

단지 네덜린드계라는 점이 디보스와 밴 앤델을 이해할 수 있거나 이들의 특별한 파트너 관계를 이해할 수 있는 것은 아니다. 이 두 사람은 서부 미시건이라는 지역과 그들의 조상으로부터 물려받은 가치관에 대하여 강한 정서적인 유대감을 가지고 있었다. 또한 이들은 각각 전형적인 미국인만의 특성이라고 할 수 있는 열정과 함께 네덜란드계라는 자신의 민족성을 최고로 생각하고 있었다. 왜냐하면 그들은 완전한 미국인이기도 하지만, 네덜란드계 미국인이라는 사실에 대해 자부심을 갖고 있었으며 그것을 또한 다행으로 생각했기 때문이다.

네덜란드인의 특성은 강인하다는 것이 장점이다. 이러한 네덜란드적인 강인함이 암웨이를 해가 거듭할 수록 발전하게 하였고, 암웨이의 개성을 형성시켜 주었다. 그러나 모든 암웨이 장점의 핵심은 열심히 일하는 것을 가장 가치있게 생각하는 것으로 절약정신과 나라를 사랑하는 마음, 다른 사람들을 정직하게 대하는 것, 개인적인 충성심, 하느님에 대한 신앙, 종교에 대한 편견이 없는 것 등과 같은 암웨이 정신의 장점들이 그 핵심을 층층이 둘러싸고 있다. 그리고 그 모든 장점들의 맨 위에 덧붙여야 할 특징은 한번 약속 하면 반드시 지키는 자세, 그 사람의 말이 곧 보증서라는 점이다.

이상의 특징들은 암웨이 자체의 성격을 말해주는 동시에 디보스와 밴 앤델이 갖고 있는 장점들이다. 물론 이러한 장점들이 네덜란드인만이 갖고 있는 장점은 아니다. 그러나 그들은 분명히 네덜란드인 특유의 성격을 가지고 있다. 이 두 파트너 사이의 견고한 유대관계와 그들의 문화적 환경이 그들 둘 사이의 관계와 암웨이의 조직구조에 일찍부터 영향을 미쳤음은 의심할 여지가 없다. 그들에게 주어진 문화적 유산은 미국 기업 역사상 가장 위대한 이야기 중의 하나를 탄생시킬 수 있는 가치관과 자질들을 복합적으로 형성 시켰다.

이야기의 시작은 1940년, 밴 앤델은 차를 가지고 있었지만 디보스는 차를 가지지 못했던 때부터 시작된다. 그들은 크리스천 하이 스쿨(그랜드 래피즈에 있는 사립 고등학교)에 다니는 청소년들이었다. 둘 다 학교에서 조금 떨어진 곳에 살았는데 밴 앤델은 디보스보다 두 학년이 높았으며 그는 모델 에이 포드 자동차를 소유하고 있었다. 디보스는 밴 앤델에게 학교에 태워다 주는 조건으로 일주일에 25센트를 연료비 명목으로 내겠다고 제의하였다. 거래는 성립되어 비지니스와 함께 우정이 시작되었다. 한 사람은 16살, 다른 한 사람은 14살 때의 일이다.

차를 함께 타는 합작을 하면서 이 파트너 둘 모두 전쟁에 참전하기를 열망해서 아직 징집연령이 되지 않았지만 자원하여 육군 항공대에 입대하였다. 군 입대 후 이들은 각기 다른 길을 걷게 된다. 밴 앤델은 사관학교에 지원하여 합격하였고 공군 사관생도로서 예일 대학에서 일년간에 걸쳐 무기체계와 화학전에 관한 위탁교육을 받았다.

"그 해는 인생에 대한 나의 모든 생각이 뒤바뀌게 된 해입니다. 나는 이를 악물면 무슨 일이든 해낼 수 있음을 발견했습니다. 나는 그 한 해를 우등생 대열에 설 수 있었던 해, 그리고 전에는 내가 할 수 있다고 생각지 못했던 일들이 가능하게 된 해로 기억합니다." 라고 밴 앤델은 이상했다.

그는 수없이 샤워실에 앉아 있었던 때들을 기억한다. 그 곳은 소등이 된 다음에도 유일하게 밤 새워 공부할 수 있었던 장소였다.

한편, 디보스는 리더로서의 재능을 발견하기 시작하면서 고등학교를 졸업했다. 그가 사람들 앞에서 처음으로 연설을 한 것은 3학년 반장이 되어서였는데, 기끔 학교 전체 토론회에 참석하기도 했다. 이는 후에 그가 인상적이고 설득력 있는 연설가가 될 것을 암시하는 일이었다. 그는 학교를 졸업하자마자 군에 입대하여, 태평양에 있는 티니안 섬에 주둔하고 있는 B-29 기지에 배속받게 되었다. 이 지역은 일본 본토에 대한 침공을 위한 전략 요충이었다. 그럴 즈음에 히로시마에 원자폭탄이 터지고, 침공은 불필요해졌다. 그후 곧 수백만 명의 제대 군인들이 귀향하게 되었고 디보스와 밴 앤델도 귀향하게 되었다.

전쟁 중에도 가끔 연락을 하던 이들은 전쟁이 끝나자 고향에 있는 캘빈 대학에서 학생으로 다시 만나게 된다. 그러나 느슨하고 평범한 캠퍼스의 일상 생활을 견딜 만한 인내심이 없던 두 사람은 크리스마스 휴일에 만나서, 학교를 그만두고 사업을 함께 하기로 결정하였다.

시작 단계에 있을 때 두 사람은 자신들이 하기를 원하는 사업이 무엇인지 확실한 생각을 정하지 못하였다. 그러나 이들은 항상 일에 대한 몇 가지 분명한 생각을 가지고 있었다. 그 생각은 자신들의 일을 하고 싶다는 것, 그리고 맨 바닥에서 시작해 뭔가를 이루고 싶다는 것, 그리고 둘이 함께 일하기를 원한다는 것이었다. 두 사람은 사업가로서 초기 인생 목표에 있어서 이 점들은 결코 양보할 수 없는 요소였던 것이다.

이들은 월버린 에어 서비스라는 이름의 비행 학교와 비행기 임대 사업을 시작했다. 그 회사는 그랜드 강의 둑을 따라 있었는데, 소형 비행기에 수상 이착륙 부표를 달아 이착륙 연습을 하곤 했다.

그 다음으로는 그랜드 래피즈 공항 근처의 조립식 건물에서 햄버거 스탠드를 세우고 40년대 식의 패스트푸드 사업을 시작했다. 한 사람은 음식을 만들고 한 사람은 자동차까지 음식을 배달해 주었다. 얼마 후 이들은 다시 강에서 보트 타기를 즐기는 사람들에게 보트를 빌려주고 연료와 필요한 물건을 파는 일을 시작했다. 두 사람은 이 모든 사업을 여건이 허락하는 대로 거의 동시에 함께 해나갔다. 이 모든 사업은 전쟁에서 이제 막 돌아온 두 젊은 총각이 관리하기에는 과분할 정도로 규모가 커졌다.

　1948년 두 사람은 모든 사업을 정리하고, 요트를 구입해서 카리브 해로 긴 휴가를 떠났다. 엘리자베스 호라고 이름을 붙인 이 요트는 38 피트의 스쿠너였다. 이들은 이 요트를 코네티컷에서 구입했다. 시행착오를 거쳐 겨우 항해법을 익히고 미국 동부 연안으로 항해를 떠났는데 그때가 1948년 12월 초였다.

　이들은 하바나에 이르렀다가 아이티로 향하는 도중 엘리자베스 호와 헤어지게 된다.

　어두운 어느 날 밤 쿠바 북쪽 해안으로부터 10마일 정도 떨어진 곳에서 이 오래된 요트가 물이 새기 시작한 것이다. 그러더니 날이 새기도 전에 이 요트는 천 오백 피트 물 속으로 가라앉아 버렸다. 밴 앤델과 디보스는 지나가던 미국 화물선에 의해 구조되어, 며칠 후에 안전하게 푸에르토리코에 내리게 되었다. 그렇지만, 두 사람은 포기하지 않고 여행을 계속했다. 카리브 해를 거쳐 중앙 아메리카와 남아메리카를 여행하고 난 다음 미시건 주에 있는 집으로 돌아왔다.

　몇 십년 허름내기 때 깊은 두 친구의 비래버운 여정으로 끝이었다. 이제 이들은 중요한 사업에 도전할 준비가 되어 있었다.

　1949년 가을에 그들이 진출한 사업은 직접 방문 판매였다. 당시에는 오늘날만큼 알려지지 않았던 이 사업은 두 사람이 파트너로서 공생하기에 안성맞춤인 사업 같았다. 그들은 캘리포니아에 공장을 둔 한 회사가 생산하고 판매하는 식품 보조제인 뉴트리라이트를 일반에게 공급하는 사업자가 되었다.

뉴트리라이트의 마케팅 전략은 디스트리부터로 하여금 두 가지 일을 동시에 하도록 하는 것이었다. 그 한 가지는 물건을 파는 것이고 다른 한 가지는 다른 사업자를 모집하여 판매 팀을 확대시키는 것이었다.

디보스와 밴 앤델은 처음부터 한 팀의 사업자로서 일했다. 다른 식으로 일할 수도 있다는 생각은 전혀 하지 못했다. 두 사람은 탁월한 한 팀이었다. 이들은 직접 방문 판매 사업이 일은 힘들지만 힘든 만큼 보상을 받는 사업이라는 사실을 알게 되었다. 이 사업은 노력에 따라 얼마든지 빠르게 성장할 수 있는 가능성이 있었고, 판매실적도 무한대로 클 수 있는 가능성이 있었다. 두 사람은 그들이 갖고 있는 꿈을 위해 혼신의 힘과 젊은이로서 갖고 있는 모든 능력을 이 일에 쏟아 부었다. 그리하여 10년 후 탄탄한 사업기반을 구축하게 되었고, 그러는 동안 두 사람은 성숙해졌으며 리더로서의 경험도 쌓게 되었다. 그리고 두 사람 모두 결혼을 하였다.

밴 앤델은 1952년에, 디보스는 1953년에 결혼하여 미혼 시절을 청산하고 가정 생활을 시작하게 되었다. 이들이 가정을 꾸린 곳은 그랜드 래피즈 외곽의 작은 에이다 마을로, 서로 가까운 곳에 살았다.

밴 앤델과 디보스는 일을 잘 해나가고 있었다. 그런데 1950년대 후반에 들어서면서 뉴트리라이트 사의 상황은 점점 나빠져갔다.

캘리포니아 본사에서 발생한 장기간의 내분으로 회사 경영은 악화되어 심각한 혼란에 빠져들고 있었다. 디보스와 밴 앤델

같은 사업자들은 회사 내에 강한 리더십이 없는 것을 안타깝게 생각하며 그들 스스로 문제 해결에 도움이 되려고 애썼다. 그러나 아무 소용이 없었다. 그 여파로 뉴트리라이트 사업자들은 일을 효과적으로 해나가는 것이 점점 어렵게 되었고, 두 사람의 사업도 성장이 주춤하게 되었다.

결국 두 파트너는 뉴트리라이트의 문제는 리더십이 있다 해도 해결될 수 없을 정도라는 결론을 내렸다. 이들은 사신들이 사업에 끌어들인 사업자들에 대하여 일차적으로 책임을 느꼈다. 두 사람은 사업자들에게 미래에 대한 약속을 했었다. 그들 중 대부분은 디보스와 밴 앤델 밑에서 풀 타임으로 일하기 위해 직장을 떠나온 사람들로 그들과의 약속을 가볍게 저버릴 수는 없었다. 이 사람들을 모집해서 직접 방문 판매 방식을 가르쳤고 자유와 번영된 미래의 비전을 제시해 왔다. 그래서 더욱 선택의 여지가 없었다.

1959년 초 두 파트너는 대담하면서도 치밀한 계산을 거친 도박을 시작했다. 두 사람은 밴 앤델의 집 지하실에 사무실을 마련하고 공식적인 새 회사를 차렸다. 이들은 뉴트리라이트로부터 독립해서, 사신들만의 생산 라인을 개발할 계획을 세웠다. 두 사람은 사업자들에게 자신들이 새로운 사업을 시작하여 관리할 것이며, 그 사업 안에서 사업자들의 일자리는 언제나 보장받게 될 것이라는 약속을 했다.

밴 앤델과 디보스는 새 회사의 명칭을 암웨이로 정했다. 이들은 새 회사를 시작하면서 정해놓았던 원칙이 있었다. 그것은 자신들을 신뢰하고 따라준 사람들을 위한 암웨이를 만들어야 한다는 것이었다.
"그것은 그들이 지켜야 할 약속이었다."

3
약 속

벌써 수십 년 전 이야기이시만 밴 앤델의 지하실에서 시작한 암웨이의 사업은 탁월한 선택이었다.

암웨이 사는 현재 세계 58개 국에 시사를 두고 있으며 80여 개국에서 850만 여명이 사업자들이 활동하고 있다. 본사는 여전히 에이다에 있으며, 160만㎡의 넓은 땅에 세워진 공장에서 수많은 제품들이 제조되어 세계 각지로 운송되고 있다. 이 공장은 그 모든 것이 시작되었던 지하실에서 글자 그대로 한눈에 들어오는 곳에 위치해 있다. 또한 미국의 캘리포니아, 워싱턴, 멕시코, 브라질에 대규모 뉴트리라이트 유기농 재배농장을 운영하고 있으며 중국 광둥성에도 생산시설이 가동되고 있다.

※(2010년부터 년 평균 10조원 이상 매출을 기록하고 있나)

암웨이는 호황을 누리고 있다. 이 회사의 중추신경이라고 할 수 있는 프리 엔터프라이즈 센터는 방문객이 많아서 정규 관광 시간을 정하여 방문객을 나누어서 받고 있다. 수천 명의 직원들이 최첨단 장비를 갖춘 연구실, 컴퓨터 센터, 인쇄 공장, 생산 공장, 운송 시설에서 일하고 있다. 센터에는 상임 변호사, 회계

사, 사무원들이 일하고 있으며, 급한 일이 생겼을 때는 언제든지 이용할 수 있도록 회사 전용 비행기가 대기하고 있다. 이 센터에서 일하고 있는 사람들은 회사 전체가 유기적으로 잘 돌아가도록 돕는 지원부대 역할을 하고 있다.

암웨이는 이제 세계 초일류 기업이다. 암웨이는 450여 가지의 제품을 직접생산하고 있으며 고객을 위한 카탈로그에는 수천 개의 제품 목록이 나열되어 있다. 그리고 사업자들을 돕기 위한 광고, 영화와 홍보용 비디오 테이프, 화려한 표지의 잡지들이 홍수처럼 쏟아져 나오고 있다. 회사는 그랜드 래피즈에 있는 세계 수준의 호텔뿐만 아니라 카리브 해의 섬도 소유하고 있으며 필요한 경우를 대비해 미국 전지역에 송신이 가능한 라디오 방송망을 갖고 있다.

암웨이가 승승장구를 하고 있다는 것은 유명인들이 암웨이를 드나드는 것만 봐도 알 수 있다. 바브 호프는 암웨이 텔레비전 광고를 하고, 전 미국 국방장관 알렉산더 헤이그는 국제문제 자문위원으로서 암웨이를 방문했다. 네덜란드 여왕도 에이다를 방문하였으며, 므스티슬라프 로스트로포비치(구 소련 첼리스트)는 암웨이에 와서 첼로를 연주하였고, 내셔널 심포니 오케스트라가 암웨이의 간부들을 위해 케네디 센터에서 연주를 하였는가 하면 "쇼핑하러 나가지 않고 하는 쇼핑"이라는 글귀가 새겨진 암웨이 모자를 쓴 비치보이스가 워싱턴 동상 앞에서 하룻밤의 콘서트를 열었다.

암웨이는 밴 앤델 지하 사무실 시절부터 줄기차게 달리고 있다.

'많은 것이 변하면 변할수록 변하지 않는 것도 그 만큼 많이 있다'는 말은 암웨이에 딱 들어맞는 말이다. 암웨이의 그 외형적 세련됨 아래에는, 그 거대한 규모와 정밀한 조직이 있고 그 밑에는, 1985년 이래 변함없이 울리고 있는 창설 멤버들의 목소리가 있다. 암웨이로 하여금 계속적으로 성공해 나가게 하고, 그 모든 화려한 성공을 유지하도록 떠받치고 있는 힘은 다름 아닌, 평범한 사람들 사이의 신뢰감이다. 암웨이는 이전에 했던 약속들 위에, 그리고 그 약속들을 지켜온 가운데 서있다. 지금도 이들은 서로 약속하고, 그 약속에 의해 살아가고 있다. 마치 화려한 깃털을 가진 특이한 새처럼 이 회사는 수백만의 사업자들 사이에 이루어진 약속과, 이 사업자들과 고객들 상호간의 신뢰로 이루어진 박속이라는 더 많은 다양한 깃털이 덧대어 걸쳐 있는 것이다.

한 회사의 구조를 설명하는데 있어서 이같은 표현은 너무 거창하게 들릴지도 모르겠다. 그러나 그늘의 끈끈한 신뢰감이 암웨이의 경이를 언제나 유지하여 왔으므로, 이 점을 간과한다는 것은 암웨이의 성장과 영속성을 이해할 수 있는 중요한 점을 놓치는 것이다. 더구나 이 신뢰감은 암웨이 사람들의 삶에 많은 영향을 미치고 있다. 이러한 이야기는 너무나 진부하고 당연하게 들릴지 모르지만 그렇기 때문에 암웨이를 분석하는 사람들이 이 점을 자주 놓치는 게 아닌가 싶다.

세상에는 색연필로 도표를 그리듯이 나타낼 수는 없지만 분명 실재하는 일들이 많다. 신뢰가 바로 그런 종류의 것이다.

신뢰란! 어느 기업이나 필요한 것이 아니냐고 반문할 사람도 있을 것이다. 물론이다. 그러나 암웨이의 시스템에 있어서 상호 신뢰가 그 시스템을 움직이는 데 얼마나 중요한 역할을 하는지를 우리는 알아야 한다. 암웨이의 대열에 동참하는 신참 사업자는 언제나 다른 사업자로부터 약속을 받는데, 거기에는 보수도 적혀 있지 않으며, 계약에 필요한 사인도 없고, 보증서도 없다. 암웨이 사업자들은 자신들의 신용과 암웨이 사의 신용 외에는 아무것도 제시하지 않는다. 신용으로 무장한 그들은 이렇게 말한다.

"나와 함께 이 일을 시작합시다. 그러면 어떻게 하는 건지를 가르쳐 드리겠습니다. 그리고 제가 당신과 함께 일하겠습니다. 당신의 경제적인 형편은 크게 달라질 것입니다."

암웨이 사업자들이 말하는 "꿈"이란 매우 야심에 찬 꿈이다. 그들은 전에 자신들이 이룰 수 없었던 커다란 꿈들, 예를 들면 경제적인 독립이나 개인적으로 자유로운 생활 등을 자신의 목표로 삼는다. 그들이 암웨이 사업자가 되기로 결정한다는 것은 올바른 일터에서 열심히 일하면 충분히 보상받는다는 구식 아메리칸 드림이 아직도 살아있음을 믿으며, 암웨이가 바로 그 올바른 일터라는 믿음을 갖는 것임을 의미한다.

이것은 밴 앤델과 디보스가 시작한 약속이었다. 그들의 과제는 이 약속을 받아들이는 사람들에게 그 약속이 계속해서 지켜지도록 이 회사를 잘 유지해 나가는 것이다. 그리고 이러한 약속은 더 이상 디보스와 밴 앤델만의 문제가 아니다. 모든 암웨이 사업자들에게도 그들이 새로 모집할 사업자들에게 지켜야 할 약속이 있는 것이다.

이렇게 고도로 개별화된 사업 방법은 아주 잘되거나 혹은 위험하거나 둘 중 하나이다. 왜냐하면 암웨이와 같은 사업 체제는 변덕스런 복잡한 인간의 감정에 의지하는 것이기 때문이다.

삶에서 사람들의 꿈과 소망이 가장 중요시되고 있다. 암웨이의 사업 체제는 사람들의 꿈과 소망이 고옥탄연료와 같으며 연료에서 나오는 에너지로 시스템을 가동하는데, 이 에너지는 그야말로 엄청난 것이 될 수 있다.

그러나 이 고옥탄가 연료의 분자식이 잘못되어 약속이 지켜지지 않는다면, 그 회사의 역사는 불발탄처럼 아주 짧게 끝나버릴 수 있다. 암웨이가 50년 이상 되는 역사를 가졌다는 것은 이러한 시도가 성공했다는 것을 시사한다. 암웨이의 시스템은 지금도 돌아가고 있으니 말이다. 약속이 계속해서 지켜지고 있는 것이다.

제임스 캐럴의 소설 "인간적인 친구들(Mortal Friends)"에서 어떤 인물이 성공하게 된 경위를 묘사하는데, 캐럴은 그 사람이 성공한 이유는 그 다른 사람들을 다음과 같이 가르쳤기 때문이라고 말한다.

"인간의 행위 중 가장 가치있는 행위는 한 사람과의 약속을 지키는 단순하면서도 충실한 행동이다."

밴 앤델과 디보스의 성공 열쇠는 일차적으로 그들이 연설을 잘한다거나, 지능지수가 높다거나, 경영자로서의 수완이 탁월함에 있는 것이 아니다. 물론 이러한 자질들도 중요하지만, 그것은 부차적인 것이다. 암웨이 이야기의 열쇠는 그런 것들보다 더 잘 나타나지 않는 것에 있다. 다시 말해서 그 열쇠는 그들이 얼마나 전문적인 기술을 가졌느냐의 문제가 아니라, 그들이 어떤 생각을 가졌느냐에 있다는 것이다. 그들은 먼저 "한 사람과의 약속을 지키는 단순하면서도 충실한 행동"에 대하여 서로 잘 이해해 왔고, 또한 그것을 다른 사람에게 가르쳤으며, 그것을 토대로 회사를 움직여왔다.

4
변화를 향한 선택

제이 밴 앤델과 리치 디보스는 암웨이 드리미의 중요한 등장인물이다.

그러나 변화를 향한 신넘에 관한 이야기에, 이 두 명의 인물을 제외한 수많은 사람들이 관련되어 있다. 이들은 암웨이 사업자로서 한두 번 이 이야기에 끼어든 사람들이 아니라, 그들 인생의 대부분을 암웨이 사업을 위해 헌신했던 사람들이다.

암웨이의 사업자 일을 한번이라도 했던 사람들은 얼마나 될까? 그 숫자를 헤아릴 수는 없으나, 아마 수백만 명에 달할 것이다. 현재 세계 각지에서 암웨이 사업자로 있는 사람들은 대략 350만 여명에 달하며 그중 1/4이 미국에서 일한다. 암웨이는 연간 50%의 사업자 확보율을 가지고 있을 정도로 안정적이다. 이는 암웨이에 사업자로서 가입한 사람들의 반 정도가 1년 후에 다시 사업자 직을 갱신한다는 뜻이다.

암웨이의 50년이 넘는 역사를 고려해볼 때, 최소한 오백만 명의 미국과 캐나다의 국민들이 과거에 암웨이에서 일했거나, 현재 일하고 있다고 추정할 수 있다. (이 통계수치는 공식적으로 발표되지 않았다. 왜냐하면 그 숫자를 파악한다는 것은 두 가지 이유에서 어렵다. 첫째는 매년 모집되는 숫자가 다르다는 것과 두 번째 이유는 사업자들이 일을 그만뒀다가 다시 하는 경우가 너무 많아서, 한 번 이상 들어오고 나간 사람들의 숫자를 파악할 수 있는 방법이 없다는 것이다.)

이 숫자는 사업자들의 숫자가 아니라, 사업자 팀의 숫자라는 것을 고려한다면 암웨이와 직접적으로 연관된 사람들은 더 많아질 것이다. 암웨이가 발표한 바에 따르면 이 사업자 팀의 70%는 부부 팀으로, 대부분의 경우에 두 부부가 개인적으로 암웨이의 사업에 참여한다. 부부가 사업자인 가정의 자녀들 수까지 합하면 "암웨이 사람들"의 숫자는 더 많아질 것이다.

세계의 암웨이 사업자가 350만 여명이라면, 미국과 캐나다에 사는 암웨이 사업자들의 가족의 숫자는 삼사백만 명 정도가 될 것이다. 캐나다와 미국을 합한 인구는 대략 3억오천만명이다. 인구 3억오천만명 중 삼사백만 명이라는 것은 상당한 비율로, 두 국가에 큰 영향을 미칠 수 있는 잠재력인 것이다.

그러나 이러한 통계수치를 다룰 때 조심해야 할 요소들이 있다. 미국이나 캐나다에서 흔히 만날 수 있는 잭이나 질 같은 사업자들은 사업자로서 계약서에 사인을 한 후에, 세일즈에 필요한 물건을 산 다음 사업자로 채용된다. 그가(또는 그녀가) 어느 늦은 밤에 친구의 거실에 앉아서, 집으로 가기 전에 전부가 실수였다고 생각하며 절대로 물건을 팔거나 다른 사람을 모집하지 않겠다고 결심하여도, 암웨이의 컴퓨터에 그의 이름이 입력되어 있는 한 암웨이의 사업자이다. 최소한 1년 동안은 그의 이름은 암웨이의 컴퓨터에서 지워지지 않을 것이기 때문이다.

 암웨이 사업에 뛰어들어 몇 주나 몇 달 동안 일하다가 그 일이 싫어지거나, 다른 특별한 일로 그만두는 사업자들도 있다. 그러나 이들 중 어떤 사람들은 계속해서 착실하게 해나가면 잘 될 거라는 생각과 함께 언제나 어디엔가 소속되고 싶어서 매년 사업자직을 갱신하기도 한다. 그러나 여러 가지 이유로 일이 잘 풀리지 않는 사람도 있다. 이 사람들도 암웨이 컴퓨터에 갱신자로 입력된다.

 또한 이들 중에는 암웨이 물건을 좋아한 나머지, 그 물건들을 도매 가격으로 사입하고 싶어서 사업자가 되는 이들도 있다. 그들이 친구 몇 사람에게 물건들을 소매 가격으로 팔지두 모른다. 그러나 그들은 암웨이 회의에 참석하지 않으며, 다른 사람을 이 사업에 인도하려고 노력하지도 않는다. 그들은 자신들이 사고 싶은 좋은 물건들의 도매 가격을 아는 것 외에는 회사의 어떤 것에도 관심이 없다. 이들은 분명 암웨이의 사업자들이시만, "암웨이의 기적"과는 조금은 거리가 있는 사람들이다.

 암웨이를 일반인의 관심을 끄는 회사로 만든 사람들은 자신들이 암웨이의 사업자라는 사실 자체를 즐기는 사람들이며, 이들은 위에서 언급된 사람들과는 달리 이 사업을 자신들의 삶 자체를 바꾸어 놓을 수 있는 기회로 생각한다. 이들이 바라는 변화에는 통상적으로 돈이 필요하다. 암웨이는 기업이며, 사람들은 돈을 벌기 위해서 이 회사에 들어온다.

 사람들이 좀더 자유롭게 살기 위해 사업자가 되었다고 말한다면, 그것은 금전이 제공해줄 수 있는 자유를 말하고 있는 것이다. 영국의 작가 월폴은 이렇게 말했다.

"자유로운 사람이 돈에 대해서 생각하는 것은 당연하다. 왜냐하면 돈이 곧 자유이기 때문이다. 일상생활에서 누릴 수 있는 자유 중에서 많은 부분이 돈으로 획득할 수 있는 것들이다."

같은 식으로, 자신들의 삶을 재정비하기 위해 암웨이에 들어왔다고 말하는 사람들 역시 돈이 드는 재정비를 말하는 것이다. 또한 바닥 생활에서 좀더 나은 생활을 꾸려가기 위해 사업자가 되었다고 말하는 사람들도 역시 돈에 대해 말하고 있는 것이다. 아내가 나가서 돈벌이를 하지 않아도 되게 하는 돈, 부업을 하지 않아도 생계를 꾸려나갈 수 있게 하는 돈, 일주일에 60시간 일할 필요가 없게 하는 돈에 대한 이야기를 하고 있는 것이다.

자신들의 생활을 바꾸고 싶어서 "암웨이 체험"에 참여한 사람들은 그런 변화를 일으킬 수 있는 돈을 벌고 싶어서 암웨이에 들어왔다. 그들은 돈을 뒤쫓아 온 것이 아니라, 돈이 이룰 수 있는 꿈을 추구하여 암웨이에 들어온 것이다.

일부 사회계층에서는 암웨이 사업자를 탐욕스럽고 돈에 사로잡힌 사람으로 묘사되고 있다. 그러나 이 사업을 정직하게 지켜본 사람들은 "탐욕스러운"이란 말은 암웨이의 사업자들을 바르게 표현한 말이 아니라는 것에 동의할 것이다.

한편 어떤 사람들은 가족들이 좀더 나은 생활을 했으면 해서, 자신의 미래를 관리하기 위해서, 자신을 표현할 수 있는 기회를 얻기 위해서 사업자가 되었다고 자신있게 말하기도 한다. 하지만 이런 일들은 돈이 들기 때문에, 돈이 일차적인 초점이 되는 것이다.

"이상을 추구하는 사람의 미래는 이익이 발생하는 경우에 더 밝아진다."라고 사회학자 조엘 개로는 말했다. 어쩌면 그것이 암웨이가 성공한 이유일지도 모른다. 암웨이는 개인의 자유에 대한 높은 이상과 그 이상을 위해 일하는 것을 지지하고 사람들이 그들의 목표를 달성하도록 돕고 있다. 그리고 그들의 이상이 실행될 수 있는 아주 쓸모 있는 방법을 제안한다.

얼마나 많은 암웨이 사업자들이 그들이 원하는 수준에서 그들의 인생을 바꾸기에 충분한 돈을 벌까?

물론, 이런 질문은 "어느 때에 사람은 행복한가?"라는 질문처럼 대답하기 어렵다. 한 사람을 행복하게 만드는 것이 무엇이 든지 간에 그가 그것을 가졌을 때 그는 행복한 것이다. 물론 기대수준은 사람마다 다르다. 그러니 기대수준의 높낮이와 관계 없이 기대수준에 이르게 되면 그들은 성공하는 것이다.

에이브러햄 링컨은 자신의 다리가 긴 것에 대해서 농담하는 것을 즐겼다고 한다.

"사람의 다리가 어느 정도 긴 것이 적당한 것인가? 땅에 닿기만 하면 되는 것이 아닌가! 넘나며 내 다리도 적당한 길이가 아닌가?"

암웨이에서 돈을 어느 정도 벌어야 성공했다고 할 수 있는 것일까? 그것은 처음에 어떤 사람을 암웨이에 들어오게 했던 목표를 성취할 만큼의 돈을 벌었다면 그 사람은 성공한 것이다.

이런 기준이라면 성공한 암웨이 사업자들은 수없이 많다고 할 수 있다. 그러나 그들이 큰 돈보따리를 챙겼거나 값비싼 새 차를 몰고 다닐 정도로 돈을 벌었다는 의미는 아니다.

자녀를 사립학교에 보내기 위해 이 사업에 참여한 한 어머니는 교육비를 제하고도 매월 수입이 3백 달러가 남는다고 한다. 암웨이에서 아주 성공한 케이스다.

건축업에 싫증난 한 건축가는 건축업을 떠나서 암웨이에서 성공하고 싶었다. 그는 암웨이로 이직을 해서 연간 10만 달러를 벌었다고 한다. 암웨이는 이들 두 사람에게 약속을 지켰고, 이들은 자신의 목표에 관한 한 삶을 변화시킬 수 있었다. 그 어머니가 자녀의 교육비를 벌었다면 그리고 그 건축가가 새로운 직업을 얻었다면, 두 경우 다 약속이 지켜진 것이다. 이 두 사람은 정확하게 말해서, 성공한 암웨이 사업자들이다.

이제 암웨이에서 큰 소득을 올린 사업자들에 대한 질문이 흥미있는 부분으로 남는다. 암웨이에서는 다이아몬드 사업자가 되면 성공한 것으로 보는데 그들의 총수입액은 거의 안정적으로 수천 달러 정도가 되며 그 이상 되는 때도 많다. 현재 다이아몬드 사업자는 수십만 명 정도가 된다.

많은 수입은 거기서부터 올라간다. 당신은 당신의 대학 동기 중 한 명이 약국을 그만두고 암웨이에 들어가서 큰돈을 벌었다는 이야기를 들었을지도 모른다. 그리고 그러한 이야기는 당신이 생각한 것만큼 뻥튀기를 한 것이 아닐 수도 있다. 암웨이 조직의 더 높은 단계에서는 계속해서 큰돈을 벌 수 있는 합법적인 기회가 있다.

암웨이 사업으로 매년 혼자서 10만 달러 단위의 수입을 올릴 수 있을까? 회사에서는 몇 명이 그런 수입을 올리고 있는지 발표하고 있지는 않지만 가능한 이야기이다.

최근 공식적으로 알려진 바에 의하면 현재 연간 10만 달러 이상의 소득을 올리고 있는 사람은 수백 명 정도가 된다고 한다. 암웨이도 이 발표를 부인하고 있지는 않다. 이 보고서는 이 사람들 중의 일부는 십만달러 단위를 넘는 경우도 있다고 지적하고 있다.

암웨이는 사업자들이 몇 자리 숫자의 수입을 올리고 있느냐에 대하여 언급하는 것을 꺼리고 있다. 암웨이의 산부들은 경쟁사들로부터 잠정 수입에 대하여 이야기하며 숫자를 불린 것이 아니냐는 의심을 살 수 있다는 것을 알기 때문에 밝히기를 꺼린다. 그래서 암웨이는 그런 의심을 피하기 위해 최고 판매자의 수입을 오히려 숨어 발표하는 경향이 있나, 회사가 수입액을 일부러 높게 발표하는 입제에서 임웨이는 수입액을 올리기보다는 더 낮게 발표하고 있는데, 이는 아이러니가 아닐 수 없다.

암웨이 약속 중에 수입보다 더 사람들의 관심을 끄는 것은, 하루 8시간씩 일주일에 6일 동안 일하는 지루한 일과에 얽매이지 않고도 돈을 벌 수 있다는 것이다. 암웨이의 일은 어느정도의 기간과 노력이 요구되지만 하시만, 개인의 스케줄에 맞춰 일하는 시간과 속도를 선택할 수 있다.

프리랜서로 하는 일은 어느 정도 개인의 자유가 있고, 자신의 스케줄에 따라 일을 해나갈 수 있다. 암웨이의 일은 그런 성격의 일이다. 그것은 수당을 받는 일을 할 것이냐 아니면 9시부터 6시까지 지루한 일을 하는 월급쟁이가 될 것이냐의 선택에 달린 문제이다.

소매점을 경영하는 사람이나 일부 전문직 종사자들은 높은 수입을 올릴수 있을지 모르지만, 그들이 받는 심리적 압박과 장시간의 근무로 인해, 갈수록 자신들이 하는일이 좋다는 환상에서 깨어나게 된다. 의사들이나 치과의사들은 수십만 달러의 수입을 얻지만 그들에게는 그들이 받는 수입이 과연 그만한 가치가 있나 생각해볼 여유조차 없다.

이런 오래된 속담이 있다. "쥐덫에 걸려있는 치즈는 언제나 먹을 수 있지만, 그것을 먹으려면 그만한 값을 치러야 한다."

그런데 커다란 조각의 치즈를 눈앞에 두고도 그것을 먹을 수 있는 자유가 없다는 것을 깨달은 작은 생쥐와 같은 입장에 처한 사람들에게, 암웨이가 아주 매력적인 선택의 길을 열어주는 것은 그다지 놀라운 일은 아니다. 스케줄의 요구와 제한이 적으면서도 큰 수입을 올릴 수 있다는 약속으로 암웨이가 지난 수십년 동안 전문적인 인력을 보유할 수 있었던 가장 큰 이유라고 할 수 있다.

누구를 위해 암웨이는 그와 같은 약속을 하는가? 자신의 삶을 변화시키고 싶어하는 사람들을 위해서이다. 그 변화가 크든 작든 말이다. 그리고 암웨이는 이들을 위해서 일한다. 암웨이는 기회를 줄 것을 약속하고 사업자는 그 기회를 통해 일할 것을 약속한다.

암웨이를 오고간 사람들 중에 크게 성공하지 못한 사람들도 많다. 그러나 분명한 사실은 사업자가 일단 암웨이와 계약을 하면 그 약속은 지켜진다는 것이다.

5
암웨이의 얼굴들

암웨이의 이야기는 다양한 사람들의 이야기이다. 각각 다른 모양과 크기로 포장된 다양한 사람들이 암웨이에 들어온다. 암웨이를 시작하는 사람들은 암웨이 사람들의 다양함에 놀라기도 한다. 이들은 암웨이 사람들이 마치 똑같은 모양의 붕어빵처럼 서로 닮았을 거라고 생각하기 때문이다.

내가 처음으로 암웨이 회의에 참석한 것은 미네아폴리스에서였는데, 나는 거기 모인 사람들이 내가 생각한 것과는 전혀 다른 것에 대해 무척이나 놀랐다. "저 사람들은 전혀 암웨이 타입으로 보이지 않는데요!"라고 나는 내 옆에 있던 한 친구에게 말했다.

그러자 그는 어머니가 아이를 대할 때 보이는 특유의 참을성과 친절한 태도로 나에게 물었다. "암웨이 타입이 어떨 거라고 생각하셨는데요?" 잠시 대답할 말을 잃은 나는 "아, 네. 저, 당신이 알다시피…" 하며 할 수 있는 한 아주 그럴듯하게 대답했다. 나는 암웨이 사람들이 모두 디보스와 밴 앤델을 닮았을 거라 생각했는데 그것은 정말 어리석은 틀에 박힌 생각이었다.

내가 그때 수많은 암웨이 사람들의 얼굴을 본 이후로 그보다 더 확실하게 깨달은 것은 없다. 그것은 암웨이 사람들이 전혀 획일화되어 있지 않다는 것이다.

제이 밴 앤델은 말한다.

"우리가 이 사람들을 선택한 것이 아니라, 그들 스스로 선택한 것입니다. 암웨이의 모든 사람들은 자원하여 암웨이에 들어왔습니다. 자원자를 모집하면, 아주 다양한 종류의 사람들을 볼 수 있습니다. 그것이 우리가 바라는 방식이죠." …

지리상으로는 미국의 50개 주와 캐나다의 모든 지방, 세계 80여개 국가에 암웨이 사업자들이 퍼져있다. 암웨이는 미국 중서부와 그 남단에 편중되어 있는 것처럼 가끔 묘사된다. 이는 암웨이가 미국의 중서부에서 시작한 것과 미국 중부의 냄새를 풍기기 때문일 것이다. 캘리포니아는 암웨이의 활동이 가장 활발한 주이며, 최근 들어서는 태평양 연한 북서부와 동해안 쪽에 있는 도시들에서 급성장세를 보이고 있다.

암웨이가 미국 중부에서 시작한 것은 사실이지만, 그곳이 가장 잘해 나아갈 것이라는 생각은 이제 더 이상 사실이 아니다. 이것은 캐나다에서도 마찬가지이다. 캐나다의 중심부인 매니토바와 온타리오에서 먼저 암웨이 사업이 번창하였지만 곧 동,서해안으로 빠르게 확산되었다. 캐나다에서는 다른 어떤 지역보다 서쪽의 브리티쉬 콜롬비아와 동쪽의 퀘벡에서, 두 지역의 첨예하게 대조적인 문화에도 불구하고 지금은 아주 잘 돼나가고 있다. 이 두 지역에서 번창하고 있다는 것은 다양한 사회 정치적 상황에서도 잘해 나아가는 암웨이의 사업수완을 보여주는 것이다. 지방과 도시의 사업자의 분포도는 비슷하다. 소도시나 외곽 지역에서만 암웨이 사업이 벌어지는 것으로 인식하는 경향이 있는데, 그렇지 않다. 암웨이 사업자들은 큰 도시나 지방 어디에서나 사업을 시작할 수 있다.

나는 뉴욕에 살고 있는 사업자 부부를 만난 적이 있다. 나는 솔직히 그들이 중심부에서 떨어진 자치 읍이나 면에서 살 것으로 생각하면서 사는 곳을 물었다. 그들은 맨하탄 센트럴 파크 웨스트 80-6에 산다고 대답했다. 미국에서 이곳보다 더 도시적인 데가 있는가? 그때 이후로 나는 암웨이 사업이 내가 생각한 것보다 도시에서 활발하게 이루어지고 있다는 것을 알았다.

마찬가지로 사무 변두리 시방에서 바쁘게 들이다니는 사업자들을 보는 것 역시 드문 일이 아니나. 나는 써지래른 가구길러 북쪽으로 2시간 가량 차를 몰아 거의 오지라 생각되는 캔서스의 위치나를 찾아갔다. 거기시 나는 암웨이의 리더인 빈스 빌랜드라는 사람을 만났다. 그는 캔서스 숭무에서 암웨이 사업을 시작했는데 빠르게 성장하여 지금은 큰 규모가 되었다고 나에게 말해주었나.

그처럼 외진 곳에 많은 사람들이 있으리라고는, 더구나 암웨이 사업자가 그렇게 많이 있을 거라고는 더욱 상상하기 어려웠다. 그들의 회합장소에 갔을 때, 그 외신 시골 한가운데서, 나는 빈스 벌랜드와 함께 수백 명의 열성적인 암웨이 사업자들을 볼 수 있었다. 나는 그곳에서 이곳으로 오는 동안 100마일 이내의 거리에서 보았던 사람들보다 더 많은 사람들을 보았다.

인종과 민족이 다양한 암웨이 사업자들을 관찰해보면 매우 흥미진진 해진다.

　미국 중서부에서 출발한 기업이어서인지 암웨이는 인구분포도처럼 다양한 인종으로 구성되어 있다. 최근에는 서해안 지역과 하와이에서 많은 아시아계 미국인들이 성업을 이루고 있다. 캐나다에서는 불어를 쓰는 퀘벡 사람들이 가장 베테랑이며 전 세계적으로도 가장 활동적인 그룹이다.

　소수 민족의 사업자들은 거대한 암웨이에 잘 섞여 흡수되어 있다. 예외가 있긴 하지만, 완전히 흑인만으로 이루어졌거나, 스페인 사람만으로 구성된 조직은 거의 없다. 다양한 배경을 가진 사람들이 한 그룹을 이루어 함께 일한다. 스페인어를 쓰는 사람들이 너무 많아서 세일즈 자료를 스페인어로 번역하거나 제작해야 할 정도지만, 미국 내에서 스페인 사람만으로 이루어진 그룹은 단 한 그룹도 없다.

　사람들은 암웨이를 특정 종교에 관련시켜 생각하지만, 암웨이 사업자들이 특정종교를 가진 사람들로 구성되었다고 보기는 어렵다. 암웨이 사람들은 그들의 신앙을 다른 일반 대중보다 더 진지하게 생각한다고 할 수 있다. 그러나 신앙이 한 특정 브랜드의 이름이 되기란 쉽지 않다.

　암웨이가 보수적인 개신교로 인식되는 것 같은데, 그것은 아마 그들의 전통이 그들의 종교적인 입장을 표명하도록 가르쳐와서 암웨이에 있는 보수적인 개신교 신자들이 자주 자신의 신앙을 표현해서일 것이다. 그러나 카톨릭신자들도 상당수이며, 몰몬교를 믿는 사람도 있고, 특히 서부에는 다른 종파의 기독교와 불교, 이슬람교도들 외에도 다양한 종교를 가진 사람들이 많이 있다.

요즈음 들어서는 유대인의 숫자가 크게 늘고 있다. 이러한 경향은 유대인이 많이 살고 있는 동부에서 암웨이 사업이 번창하고 있기 때문인 것 같다.

피트와 밥 마츠는 뉴저지에 새로 조직된 암웨이 그룹의 간부들로서 이들이 속한 그룹은 동해안에서 가장 활발하게 사업을 벌인 그룹 중의 하나다. 마츠 그룹은 유대인이 큰 비율을 차지하고 있지만, 인종적으로나 종교적으로 잘 혼합된 그룹이다.

"기독교"적인 인상 때문에 크리스천이 아닌 사람들이 암웨이에 들어가 견디기가 힘든가라는 질문에 마츠는 다음과 같이 대답하고 있다.

"전혀 그렇지 않습니다. 우리는 암웨이와 종교가 아무긴 관련이 없음을 분명히 합니다. 한 사람의 신앙은 그 사람 개인적인 문제이고, 우리 그룹의 사람들은 그것을 존중해줍니다. 우리 그룹은 유대인들이 많은 반면, 크리스천도 많습니다. 종교에 신경을 쓰지 않기 때문에 어느 누가 어떤 신앙을 가졌는지 모르는 경우가 많습니다. 우리 사업은 어떤 사람이든지 참여할 수 있어야 한다고 믿기 있으므로, 종교로 차별을 둘 수는 없습니다."

연령층 문제에 있어서도 암웨이는 역시 다양하다. 암웨이의 규칙은 만18세 미만은 사업자로 받을 수 없는 것으로 규정하고 있는데 사실 나이 제한을 둔 것은 잘한 일 같다. 그러나 나이의 상한선은 없다.

네트워크마케팅을 하는 다른 회사들처럼 암웨이도, 65세의 퇴직 연금 생활자들에게 부수입을 올릴 수 있는 사업기회로써 인기가 높다. 국제조사 연구소의 분석에 따르면 최근 미국에서는 65세 이상의 노인의 인구가 계속해서 늘어나고 있다고 한다. 육십대에 이 사업에 참여한 사람들은 예전부터 많았다. 그들은 퇴직 후에 줄어드는 수입을 만회하기 위해 암웨이에 들어오는데, 그들이 여생을 보내는 데 쓰는 연금을 모두 합한 금액보다도 훨씬 많은 수입을 암웨이 사업에서 얻고 있다.

미시건 주의 버니스 핸슨이 연금 생활자의 전형적인 모델이다. 현재 70대 초반으로 상냥한 할머니란 소리를 들을 나이이지만, 그 상냥한 모습 외에도 그녀는 암웨이의 재벌이다. 솔로가 된 그녀는 딸 수잔 로스와 사위인 스킵 로스와 함께 그 지역에서 가장 큰 수입을 올리고 있는 큰 규모의 암웨이 사업을 벌이고 있다. 그녀가 연금 대상자가 되었을 때, 그녀가 매달 받게 될 그녀의 연금은 암웨이에서 벌고 있는 수입에 비하면 너무나 적은 것이었다. 그래서 그녀는 찾아온 공무원에게 70 노령의 눈을 반짝거리며 "이 연금은 나보다 못사는 사람에게 주세요."라고 말했다고 한다. 노후 대책에 필요한 내용이다.

요즈음에 와서 신문들은 암웨이 사업에 뛰어드는 "새로운 부류"의 사업자들에 대하여 보도하고 있다. 그 기사에 따르면 젊고 전문지식을 갖춘 부부들이 암웨이를 부업으로서가 아니라, 주업으로 선택하고 있는 경향이 높다는 것이다. 분명히 그런 추세다. 판매 사업은 힘과 열정이 많은 젊은 사람들에게는 딱 어울리는 직업이므로 이러한 경향은 이상한 일이 아니다. 밴 앤델과 디보스도 젊고 미혼일 때 판매사업을 시작했었다.

뉴욕의 짐과 뱁 킨슬러는 바로 그 "새로운 부류" 중에서도 아주 젊은 커플이다. 짐은 코치로서 잘 해나가고 있었다. 처음 6

년 동안에 그는 3개의 팀을 지도해서 챔피언 위치에 오르게도 했었다. 이들 부부는 자신들과 같이 젊은 부부가 많은 점에 이끌려 암웨이에 들어갔다. 그들이 소속된 그룹은 그들의 나이답게 젊음이 넘치는 그룹이었다. 킨슬러 같은 부부들에게 암웨이는 직업을 바꾸기에 좋은 기회였다. 그들은 자신들의 나이를 모험을 하기에 좋은 나이로 인식하고 있었기 때문이다.

나이와 마찬가지로 암웨이에서는 학벌에 대한 차별이 없다. 지난 10년 동안 대학교육을 받은 사람들이 수없이 많이 암웨이에 들어왔다. 그러나 실력이 있는 팀일수록 학벌에 상관없이 순수하게 사람들을 받아들인다. 박사 학위를 받은 사람이나, 고등학교를 졸업하지 못한 사람이니, 수집 원식민으로 뉴저지에 암웨이 회의식상에 앉아 있는 모습은 지위 중심의 이 세상에서 보기 드문 신선한 장면이 아닐 수 없다.

콜만과 오르는 아무것도 없이 출발한 그야말로 암웨이 이야기의 고전적인 인물들이다. 이 두 사람은 초등교육밖에 받지 못했고 나중에도 다시 학교에 들어간 일도 없다. 오르는 좀 시끄러운 카리스마석인 성격의 소유자로, 그의 고향 산안토니오의 한 선술집에서 탁자를 두드리며 고함치는 모습을 쉽게 상상할 수 있는 그런 인물이다. 그는 자신이 암웨이에 들어오지 않았다면 아마 선술집에서 술이나 퍼 마시고 있었을 거라고 말한다.

그는 지금 애틀랜타 북쪽 부유층이 사는 지역에 살면서, 미국 전지역으로 뻗어나가고 있는 돈벌이 잘되는 암웨이 사업을 운영하고 있다. 그는 암웨이가 자신에게 기회를 준 것에 대하여 이야기할 때면 감정이 복받쳐서 "암웨이 말고 누가 나 같은 놈을 지금의 이 자리에 있게 해줄 수 있겠습니까?"라고 말하곤 한다.

그렇다면 어떤 종류의 사람들이 암웨이 타입인가?

암웨이 사람들을 관찰하면 할수록 "이것이 암웨이 타입이다"라고 확신있게 말하기가 어려워진다. 초기 암웨이 사람들의 타입은 갈수록 찾아보기가 힘들고, 사업자들은 점점 더 다양한 그룹을 형성하고 있다. 이런 과정은 회사가 어느 특정 그룹을 겨냥하기가 점점 더 어려워지고 갈수록 폭넓은 층을 겨냥해야만 된다. 그러면 그 속도는 더 가속화될 것이다.

그래서 틀에 박힌 생각은 계속 새롭게 변하는 모습에 생각을 바꿀 수밖에 없는 것이다.

이미 암웨이의 50%는 여성이며, 25%는 미혼이고, 거의 3분의 2에 해당하는 사람들이 미국이나 캐나다 이외의 지역에서 사는 사람들이다. 아마 우리는 암웨이 타입을 중서부의 작은 마을 출신으로 머리가 희끗희끗한 중년의 신사, 고학력이고, 일요일이면 교회의 고정된 자리에 앉으며, 차에 레이건 범퍼 스티커를 붙인, 아내와 두 아이를 둔 회사를 다니는 착실한 가장 정도로 그려볼지도 모른다.

그러나 그 이미지는 더 이상 걸맞지 않게 되었다.

6
또 다른 파트너십

암웨이를 말하면서 "파트너십"이라는 단어를 쓰면, 대개는 밴 앤델과 디보스의 파트너십을 떠올릴 것이다. 암웨이의 성이를 이룬 파트너십에는 두 창립자의 팀워크만큼이나 중요한 비중을 차지는 또 다른 파트너십 이야기가 있다. 두번째 파트너십은 에이다에 있는 회사와 세계로 뻗어나간 사업자들 사이의 파트너십이다.

"암웨이의 세계"에서 이 두 부분은 뗄래야 뗄 수 없는 상호의존적인 관계이다. 암웨이의 세계는 그 자체만으로도 감동스럽다. 그러나 이 파트너십의 이야기가 있으므로 그 이야기는 더 인상적인 것이다. 회사는 제품을 만들고 지원 기지를 제공한다. 그러면 사업자들은 그 제품을 팔고, 새 사람들을 모집하고, 회사에 현금을 유입시킨다.

암웨이 사가 사업자들에게 의존하지 않고도 시장에 물건을 팔 수도 있으며 반대로 사업자들이 암웨이 대신 다른 회사를 찾아갈 수도 있다. 그러나 사업자들이 없는 암웨이나 암웨이가 없는 사업자들이나 두 경우 모두 지나치게 가설적일 수밖에 없다.

왜냐하면, 이들은 두 구조로 분리되어 있긴 하지만 생존을 위해서는 서로 떨어질 수 없는 고리로 연결되어 있기 때문이다.

암웨이 사와 사업자들을 잇는 중요한 연결고리는 물론 디보스와 밴 앤델이다. 그들은 회사와 사업자 사이의 균형을 잡아주었다. 그들은 회사의 주인이면서 회사를 이끌어나가고, 그와 동시에 사업자였던 것이다. 말 그대로 사업자인 것이다. 그들은 한편으로는 회사를 경영하는 최고 경영자 역할을 맡고 있었지만, 다른 한편으로 모든 사업자들을 거슬러 올라가보면 그들은 밴 앤델과 디보스와 직접적인 연계를 갖고 있다.

이것은 네트워크마케팅을 하는 회사에서만 가지고 있는 독특한 구조일 것이다. 그리고 이러한 구조가, 경기가 좋을 때나 나쁠 때나 암웨이가 탄력성을 갖고 견실하게 성장할 수 있었던 무엇보다 중요한 요인이다.

경제이론에서는 기업정신과 재벌정신의 차이를 말하는 지혜로운 이론이 있다. 훌륭한 재벌이 반드시 훌륭한 기업가는 아니며, 훌륭한 기업가라고 해서 훌륭한 재벌이 될 수는 없다고 한다. 암웨이 같은 회사가 잘 운영되려면 두 가지의 재능이 모두 필요하다. 문제는 기업가는 재벌정신을 이해할 수 없고, 재벌은 기업정신을 이해하지 못하여 서로간의 연결고리가 자주 어긋날 수 있다는 점이다.

암웨이에서는 밴 앤델과 디보스가 기업과 재벌 사이를 잇는 연결고리를 제공하고 있다. 그들은 기업 전체를 강하게 떠받치는 두 "정신" 사이의 융합점이다. 이 두 사람이 했던 일 중에 암웨이 사와 사업자들 사이의 파트너십을 키우는 일보다 더 중요한 일은 없었을 것이다.

"암웨이가 크면 클수록, 두 창립자는 사업자의 입장에서 멀어질 것이다". 예전에 그들은 이러한 경향에 대해서 말한 적이 있었으며, 그 균형을 유지하려고 적극적인 노력을 아끼지 않았다. 두 경영주가 균형을 이루려고 지속적으로 노력하는 것을 지켜본 암웨이의 한 중역은 다음과 같이 말한다.

"두 분은 사업자들과 가깝게 접촉하려고 의식적으로 스케줄을 재조정하곤 했습니다."

그는 계속해서 말했다.

"밴 앤델과 디보스는 전과는 달리, 유명인사였습니다. 두 분이 들어가서 못하는 곳이란 없었습니다. 중요한 국가경제을 결정하는 자리에도 같이 하였고, 아마이 고위급 인사들부터 요구받는 것도 많았으며 시달림을 당하기도 했습니다. 아시다시피 제이는 상공회의소 의장이였고, 리치는 매년 수백 번의 초청 연설을 하였습니다. 두 분은 누구나 되고 싶어하는 거물이 되어 있었던 겁니다."

"그러한 두 분의 위치에서, 회사를 운영해나간다는 것은 시간과 에너지를 계속해서 짜내야 하는 헌신적인 노력이 요구되었죠. 그들이 관심을 암웨이에 돌리는 데는 중대한 결단을 내려야만 했어요. 두 분 다 말입니다. 그들은 인생에서 중요한 시점에 와 있었습니다. 부와 존경과 명성을 얻는 그런 시점에 말이죠. 그런데 그들은 그 모든 것을 누리는 시점에서 회사를 한 단계 더 끌어올리기를 원하고 있었지요. 그들은 회사가 그렇게 되려면, 바로 그들 스스로가 해야만 한다고 느끼고 있었던 거죠.

그래서 스스로 중대한 결단을 하기로 하였습니다."

그 일은 자신들이 해야만 한다. 유명한 야구선수 레지 잭슨이 말했던 "음료수를 저을 수 있는 것은 빨대이다"라는 말이 그 의미를 적절하게 말해주고 있다.

디보스와 밴 앤델은 회사가 사업자들의 요구에 더욱 부응하도록 하겠다는 약속을 해왔다. 1985년, 암웨이 시스템에 있었던 커다란 개혁은 에이다에 있는 팀이 사업자를 지원할 새로운 방안을 실제적으로 모색하고 있음을 보여준다.

회사의 활력을 회복하려는 노력의 일환으로 빌 니콜슨에 의해 회사에 대한 평가와 개혁이 실시되었다. 41세의 경영전문가인 빌 니콜슨은 에이다의 총사령탑에 합류했다. 니콜슨은 무엇이든지 할 수 있는 유능한 인물로 전력이 화려하다. 그의 전직은 전국 야구대표선수였으며, 월남전에서는 전투기 조종사였고, 포드 대통령 행정부를 위해 백악관에서 일한 적이 있으며, 기업체를 운영했던 백만장자였다. 암웨이의 해결사가 된 그가 밴 앤델과 디보스와 판매자들 사이의 파트너십을 움직일 수 있는 원동력을 가졌다는 것은 인상적이었다.

그는 과거에 백악관과 그밖의 다른 곳에서 성공한 유명인사들을 많이 보아왔다. 그런 그가 밴 앤델과 디보스에 대하여 이렇게 표현했다.

"전에 본 적이 없는 절대적으로 유능한 사업가들 이었습니다. 왜냐하면 이들은 내가 제안하는 장기적인 안목을 받아들일 줄 아는 사람들이었기 때문이지요. 이 두 사람은 단지 오늘에 급급해서 발등에 떨어진 불만 보는 게 아니란 얘기에요. 그들은 장기적인 안목을 갖고 있었어요. 그들은 1985년이 아니라, 80년대, 90년대, 더 나아가 21세기를 바라보고 있었습니다. 이 두 사람은 당장에 해결해야 할 문제와 장기적인 필요성을 구분할 수 있는 안목이 있고, 뿐만 아니라 그것을 동시에 처리할 수 있는 능력이 있었습니다."

"모든 사업은 경기의 주기를 타게 마련입니다. 암웨이를 포함하여 네트워크 판매방식을 추구하는 회사에도 불경기가 있었죠. 불경기일 때 일부 경영자들은 당황하여 눈앞에 닥친 일부터 손을 대기 시작합니다.

그런데 그렇게 되면 회사 전체에 타격을 줄 수가 있습니다. 밴 앤델과 디보스는 그런 식으로 일을 하지 않았습니다. 그들은 절대 장기적인 안목을 잊어버리지 않았습니다. 그들은 앞으로 암웨이가 이 사업을 주도해 나가는 데에 필요한 결정들을 내렸습니다. 일들이 잘 풀리지 않을 때, 당장에 급한 문제를 내려놓고, 장기적인 결정을 내린다는 것은 매우 균형감각이 필요한 일입니다. 그런데 밴 앤델과 디보스는 그런 균형감각으로 일해왔습니다."

니콜슨이 밴 앤델과 디보스가 장기적인 안목으로 내렸다고 말하는 결정들이란, 새로운 공장들을 증축하는 문제들을 두고 한 말이다. 일부 계획들은 일시적인 손해를 감수해야 하는 것으로, 회사의 경쟁력 강화를 위해서 내린 결정이었다. 예를 들어서, 1984년 암웨이는 1,200 달러를 들여 화장품 공장을 세웠다. 이 공장은 화장품사업을 확장하는데 기반이 될 전문적인 기술을 갖추고 있다. 암웨이에서는 그렇게 말하고 있지는 않지만,

이 전략은 경쟁사인 에이본 사와 메리케이 사를 공략하기 위한 것이었다. 이 두 회사는 화장품분야에서 판매실적 1위를 차지하고 있었던 것이다. 암웨이는 이 분야의 사업자들을 훈련시킬 새 방안을 발표했다.

또한 570만 달러를 투자하여 에어졸 공장 확장공사를 1984년에 마쳤다. 이 계획은 그 시장에서 요구되는 제품의 성능을 확보하려는 것이었다.

이처럼 암웨이 제품의 기반을 이루는 생산 라인의 확충에 덧붙여 암웨이는 크게 성공할 수 있는 "고가품" 상품 분야로 사업을 확장하였다. 보안장치로 경비산업에도 손을 댔다. 이 보안장치는 너무 잘 팔려서 물건이 모자랄 정도였으며, 첫 해에 삼천만 달러의 소득을 올려 세일즈 분야에서 1위를 차지하기도 했다. 1985년 초에 암웨이는 정수기의 판매를 발표하고 동 분야에서 한 단계 앞선 혁신적인 기술을 이용하여 제조했다고 발표했다. 그 분야의 경쟁에서 한 단계 올라서게 하기 위한 조치였던 것이다.

다른 고가품 아이템들도 개발 중에 있다. 회사중역들은, 앞으로 개발될 아이템들은 사업자 개개인에게 큰 이익이 돌아가게 할 것이라고 약속하고 있다.

"우리는 사업자들이 더 일을 많이 하지 않고도, 많은 소득을 얻을 수 있도록 노력하고 있습니다."

한 간부는 이렇게 설명한다.

"우리가 고가품 아이템을 개발하려는 것도 그런 이유에서 입니다. 언제까지나 비누 사업만 할 수도 있지만, 우리는 사업자들이 돈을 벌 수 있는 모든 다양한 방법을 제공하고 싶습니다."

암웨이 사가 재정관리를 해주는 고객은 신용만으로 고가품을 구입할 수 있도록 하는 새로운 방법도 선택했다. 그렇게 되면 그 사업자들은 보다 쉽게 고가품들을 팔 수 있게 되기 때문이다.

상품개발이 회사가 파트너인 사업자들을 적극적으로 지원하기 위해 노력하는 유일한 영역은 아니다. 이 회사는 대중과의 관계에도 신경을 쓰고 있다. 디보스는 한 잡지사와의 인터뷰에서 "우리는 우리가 바라는 그런 이미지를 주지 못하고 있습니다."라고 고백하고 그와 밴 앤델은 암웨이가 친절하며 책임감이 강한 기업이라는 이미지를 심는 데에 앞장설 것이라고 밝히기도 했다.

그런 노력의 일환으로 암웨이는 미국 전지역에 방영되는 부활절 기념 자선 텔레비전 쇼를 주최했었다. 암웨이 사업자 2만 명이 참가한 이 자선운동에 암웨이는 백만 달러를 기부했다.

또한 암웨이는 지난 수 년 동안 예술분야를 후원하는 눈에 띄는 활동을 했다. 암웨이는 유럽의 주요도시에서 내셔널 심포니 오케스트라 공연을 열어 지도자급 사업자들을 초대하였다. 또한 홍콩 이민이 합창단이 미국에서 공연할 수 있도록 후원하였으며, 미술가 폴 콜린즈의 "미국의 일터(America at Work)"라는 시리즈 작품의 제작비를 제공하기도 했다.

암웨이는 클래식 음악만 후원하는 것은 아니다. 암웨이는 독립기념일 행사의 일환으로 비치 보이스의 "무료" 야외 콘서트도 후원했다. 전자음악을 좋아하는 사람들에게는 얼마나 멋진 일인가?

  이외에도 여론에 긍정적으로 비쳐지는 많은 사업을 전개하고 있다. 그 중의 하나가 뮤츄얼 방송망이다. 이 방송망은 암웨이 사의 소유로, 전국적으로 900여 개의 방송국을 갖고 있는 미국에서 가장 큰 라디오 방송망이다. 그리고 암웨이 그랜드 플라자 호텔이 있다. 이 호텔을 짓는 데 6천만 달러가 들었다. 이 호텔은 무궁화 다섯 개(우수하다고 인정된 호텔에게만 주는 급수로, 이 급수로 인정된 호텔은 미국에서 여섯 곳밖에 없다.)를 받은 특급호텔이다. 이 호텔은 시카고 잡지 "트리뷴"과 "에스콰이어"로부터 격찬을 받았다. 그리고 영국의 버진 아일랜드에는, 암웨이 사 소유의 요트 클럽 휴양지인 피터 아일랜드가 있다. 최근 댈러스 타임즈는 이곳을 "현실세계라고 할 수 없을 정도로 너무 좋은 곳"이라고 묘사했다. 그외에도 많은 시설과 자산이 있다.

  대중과의 관계에 신경 쓰는 두 경영자의 노력은 계속되었다. 두 사람이 심포니 오케스트라의 공연장이나 로즈 보울 퍼레이드에 모습을 나타내는 일은 광고로서는 할 수 없는 일이다. 암웨이는 언제나 아주 인간적인 스타일로, 인간적인 기업이 될 것이다. 이 두 경영인이 암웨이 역사의 심볼이요, 이들이 제시하고 이행하는 약속의 심볼인 것이다.

  암웨이 사업자가 밴 앤델과 디보스를 볼 때면 일반적으로 갖는 느낌이 있는데, 그것은 다른 사업자를 보는 것 같은 느낌이 든다는 것이다. 그 사업자는 암웨이에서 밴 앤델과 디보스가 그가 하는 식으로, 첫번째 고객을 만들고, 가장 처음 만나게 되는 사람을 새로운 사업자로 모집하고, 첫번째 수입을 올렸다는 것을 알게 된다. 신참인 사업자도 자신이 있는 곳에 암웨이의 사장들도 있었고, 자신이 하는 일을 암웨이의 사장들도 했었다는 것을 알게 되면서, 그와 같은 사실이 중요한 차이점이라는 것을 알게 될 것이다.

암웨이 경영자들과 사업자들 사이의 파트너십이 잘 이루어질 수 있는 것은 그들 사이의 파트너십이 시너지 효과를 발휘하기 때문이다. 사전은 시너지 효과(synergism)를 이렇게 정의한다.

"두개의 힘이 합쳐지면 두개도 될 수 있지만 그 이상의 보다 큰 힘을 발휘할 수 있다."

이 개념이야말로 암웨이의 놀라운 성취와 그 비결을 아주 실설명하고 있다.

지켜야 할 약속

7
제 2 세대

네트워크 마케팅 사업을 관찰한 사람이라면 누구나 암웨이가 갖고 있는 장점 중에 가장 큰 것은 밴 앤델과 디보스 뒤의 독특한 리더십이라는 것을 인정한다. 두 사람의 리더십은 다른 형태에서는 가질 수 없는 암웨이의 재산으로, 누구나 암웨이만이 가진 강점으로 인정하고 있다. 리더스 다이제스트에 소개된 바에 의하면 암웨이의 한 직원이 다음과 같이 말한 적이 있다.

"다른 회사들이 우리 제품과 똑같은 제품을 만들 수 있지요. 마케팅 전략마저도 본딸 수 있지요. 그러나 네덜란드 쌍둥이만큼은 복제할 수 없습니다."

문제는 그 재산이 언젠가는 손실될 수 있다는 데에 있다. 만일 디보스나 밴 앤델 둘 중에 한 사람이 어떤 이유로 계속해서 회사를 이끌어나갈 수 없게 된다면 그때는 어떻게 하는가? 그들은 둘 다 건강하고 아직은 사업을 못할 만큼 나이가 들지도 않았다. 그리고 아직 바톤을 넘겨줄 의사도 보이지 않는다. 그러나 그들이 바톤을 넘겨주기를 바란다면, 어떻게 할 것인가?

그 문제를 누구보다도 잘 인식하고 있었던 사람은 역시 두 경영인이었다. 그래서 그들은 암웨이사의 성공에 결정적인 역할을 해온 자신들의 리더십을 점차로 줄여나갈 방법을 모색해 왔었다.

"우리는 어떤 사람들이 느끼는 것처럼 우리 두 사람 주위에 형성된 "인물을 숭배"하는 분위기를 즐기지도 않을 뿐만 아니라, 부추기지도 않는다. 암웨이는 건전한 기업 원칙에 따라 견고하게 세워졌다. 암웨이는 우리가 있거나 없거나 상관없이 계속해서 번창해 나갈 것이다. 여기 이러한 준비를 하기 위해 암웨이사에서는 일을 잘할 수 있는 우수한 팀의 리더들을 모으고 있다." 라고 밴 앤델은 말했다.

그들이 수많은 암웨이 사업자들로부터 숭배 받는 것을 즐기든지 아니든지, 암웨이 사업자들에게는 디보스와 밴 앤델에 대한 깊은 애정이 있다. 그것은 암웨이를 지휘해온 최고 경영자이면 누구든지 받았을 그런 감정이 아니라, 암웨이가 의미하는 모든 것의 심벌이며 지도자로서의 디보스와 밴 앤델에게만 특별히 향하는 애정이다.

정치학자 게리 윌즈는 이런 종류의 리더십에 대하여 이렇게 쓴 적이 있다.

"어떤 사람으로부터 권위가 흘러나올 때, 그 권위는 위임될 수 없다. 그 마술적인 힘은 통치자 자신만이 행사할 수 있는 것이다. 그는 반드시 대중 앞에 나와서, 그들이 행동하도록 이끌어야만 한다. 모든 일이 그에 의해서 결정되며, 모든 것에 그의 마크가 찍히고, 모든 일이 그의 스타일을 반영한다."

그러나 밴 앤델이 말한 대로 두 경영인은 회사를 이끌어나갈 유능한 다음 경영자를 발굴했다 해도, "그 마술적인 힘"은 이전할 수 있는 성질이 아니라는 사실이 분명해졌다. 아무리 유능한 인재일지라도, 그들이 밴 앤델과 디보스는 될 수 없는 것이며 암웨이의 독특한 조직 성격상 앞으로도 중요한 의미를 지니게 될 것이다.

리더십 문제의 해답으로서 두 경영인의 자제들을 생각해 볼 수 있었다. 디보스와 밴 앤델의 2세들 말이다. 두 사람 다 네 명의 자제들을 두고 있는데, 그 여덟 명 중에 21세기의 암웨이를 이끌어나갈 탁월한 지성과 전문적인 경영술과 개인적인 카리스마를 물려받아 적당한 훈련을 거친다면 암웨이를 이끌어나갈 사람이 있을 수 있기 때문이었다.

그것이 디보스와 밴 앤델이 오래 전부터 생각해 온 해답이었다. 두 집안의 장성한 자제들은 이미 회사운영에 참여하고 있었고, 그들은 암웨이를 경영할 만한 충분한 경력도 쌓았으며, 사업의욕도 보이고 있었기 때문이다.

. . .

암웨이 창립자의 가장 손위인 자녀들이 부사장으로 일하고 있을 때 이야기이다. 31세의 낸 밴 앤델은 판촉 담당 부사장이었으며, 29세의 덕 디보스(현사장) 역시 국제문제 담당 부사장으로서 경영에 참여하고 있었다. 나이가 어린 밴 앤델의 자제들(스티브, 데이빗, 바바라)과 디보스의 자제들(댄, 체리와 더그)은 암웨이의 다양한 분야에서 훈련과 경력을 쌓고 있었다.

덕 디보스와 낸 밴 앤델이 어느 크리스마스 아침에 깨어보니 갑자기 부사장이 되어 있었던 것은 아니다. 그들은 회사의 모든 주요분야에서 혹독한 훈련을 받은 5년을 포함하여 거의 10년 동안 회사를 위해 일해왔다. 덕 디보스는 40개의 국제시장에서 암웨이의 활동을 감독하였으며, 모든 중역들로부터 미국 이외 지역의 회사 상황에 대하여 보고를 받았다. 낸 밴 앤델은 모든 세일즈와 광고에 대한 책임을 맡고 있으면서 판매력을 높이기 위해 나가는 신문과 잡지의 모든 광고와 그 외의 모든 기발한 시청각 광고수단들이 포함된 일을 하고 있었다. 두 사람은 암웨이 정책위원회에서 아버지들을 돕기도 했다. 물론 모든 결정권은 두 최고 경영자에게 있었지만 말이다.

낸 밴 앤델은 대학을 졸업하자마자 암웨이에 들어왔다. 그녀는 이렇게 회상한다.

"제가 졸업하고 암웨이에 참여하는 데에 특별한 결단이 필요하지는 않았습니다. 그냥 암웨이는 제 삶의 일부로 받아들여졌으니까요. 어려서부터 저는 사업과 연관된 모든 것과 인연이 있었어요. 암웨이가 어떻게 시작되었고 제 아버지와 리치 디보스 씨가 어떻게 성장시켜왔는지 잘 아니까요. 그래서인지 다른 직업은 생각해본 적이 없어요. 암웨이에 들어오는 것은 너무나 자연스러운 일이었죠."

덕 디보스 역시 아버지가 암웨이에 깊이 빠져있던 자신의 어린 시절을 기억한다.

"아버지는 우리를 여행에 데리고 가곤 했는데, 거기서 암웨이 사람들을 알게 되었습니다. 아버지는 자신이 하고 있는 일을 알고 계셨고, 내가 생각하기에 당신이 그 일에 강한 애착을 갖고 계신 것 같았어요. 내가 무엇을 할 것인가 결정할 나이가 되었을 때, 암웨이를 좋아했고, 암웨이를 위해 공헌할 수 있다고 생각했습니다. 그래서 사업을 배우기 시작한 거죠."

그들의 아버지가 그들에게 만약 회사를 맡고 싶다면 체계적인 프로그램에 따라 훈련을 받아야 한다고 충고함에 따라, 덕 디보스와 댄 밴 엔델은 암웨이 공장에서 가장 낮은 곳에서 높은 지위까지 모두 거치면서 일했다. 그 훈련 프로그램은 디보스와 밴 앤델의 모든 자제들이 철두철미하게 암웨이를 경험할 수 있도록 5년 단위로 고안되었다. 사무직원의 감독 이에, 중역의 실로부터 창고까지 회사의 모든 부서를 거치도록 했다. 그 기간에는 사업자로서 제품을 고객에게 파는 일과 가망성 있는 사람을 사업자로 끌어들이는 일도 포함되어 있었다.

독특하게 고안된 이 훈련 프로그램은 두 상남 상녀를 암웨이의 베테랑으로 만들 정도로 혹독한 것이었다. 그러나 댄과 덕 두 사람은 그 도전적인 훈련을 좋아했고 가오가 되어 있었으므로 최고 경영자들에게 그 사실을 알렸다. 이에 대하여 소설가 존 D. 맥도널드는 "총명한 젊은이가 한 분야에 관심을 가지고 지식을 흡수하고 즐겁게 실천하는 것을 보면 참 기특한 일이다."라고 말했다.

이제 2세들은 나이든 암웨이 중역들과 어깨를 맞대며 일하고 있다. 그들은 그 중역들보다 더 높은 일을 하도록 태어났고, 훈련받았다. 그러나 그들이 최고 경영자의 자제라는 위치는 문제가 되지는 않는다. 덕 디보스는 이렇게 말했다.

"사람들은 모두 가족관계에 너무 민감한 것 같습니다. 그러나 우리에게 별다른 문제는 없다고 생각합니다. 사람들은 자네라고 부를지 안 부를지에 대하여 지나치게 신경을 씁니다. 아버지와 밴 앤델 씨는 팔길이 정도의 거리를 유지해야 함을 알고 계셨습니다. 그들은 그 문제에 손대지 않았습니다. 두 분 다 잘 하시는 거였죠."

낸 밴 앤델도 이에 동의한다.

"저도 처음에는 사람들이 저의 이름이나 신분에 지나치게 신경 쓰는 것을 느꼈어요. 그러나 좀 지나니까 사람들은 "나"라는 사람에 대해 알게 되었고, "나"라는 사람과 관계를 맺고 있는 것임을 깨닫게 된 거죠. 여기 있는 사람들은 내가 누구의 딸인지에 대해서 더 이상 신경 쓰지 않습니다. 훈련을 받을 때도, 저는 사람들과 일하러 왔었고, 하루 이틀 정도가 지나면 저는 회장 딸이 아닌 그냥 낸 밴 앤델이었죠. 중요한 것은 내가 어떤 사람이냐와 어떤 일을 하느냐인 것 같아요."

낸과 덕은 둘 다 결혼해서, 3세들을 존경받는 가족의 일원으로 키우고 있는 중이다. 낸의 남편은 상업중개인인 개리 틸켄인데 소개로 만났다. 그들에게는 딸 레이 엘리자베스가 있다.

덕은 아내 베시를 그녀가 캘빈 대학생일 때 만났다. 이들 두 사람은 공통된 사회적인 기반을 가지고 있는 것은 아니지만 개인적으로 가까운 친구다. 그들 아버지들의 스타일이 서로 다른 것과는 달리 두 사람은 비슷하다. 그리고 두 사람은 자신들이 회사와 팀워크를 이루는 데 영향을 준, 암웨이에 대한 어린 시절의 경험을 공유하고 있다. 낸은 이렇게 설명한다.

"밴 앤델 가의 아이들과 디보스 가의 아이들은 함께 자랐어요. 우리는 같은 블록에서 살았는데, 그 블록에서 사는 집은 우리 두 집뿐이었으니, 완전히 이웃이었죠. 그리고 함께 자랐고요."

딕은 이렇게 말한다.

"두 집안은 언제나 가깝게 지냈습니다. 공식적인 자리에서는 약간 더 공식적으로 대하지만, 사적인 자리에서는 언제나 '제이 밴 앤델삼촌'이었죠. 그리고 우리 아버지는 그 가족에게 '리치 디보스삼촌'이었고요. 나는 제이 밴 앤델 씨 집에 벨을 누르고 들어간 적이 없어요. 그냥 머리를 들이밀고는 '안녕' 하면 했죠. 우리는 언제나 그렇게 격의없이 지냈어요."

또한 딕과 낸이 함께 공유하고 있는 것은 아버지들의 장기적인 안목에 영향을 받아 갖게 된 암웨이에 대한 책임감이다. 밴 앤델의 2세나 디보스 2세 중 누구도, 부와 권력을 가진 집안이면 있게 마련인 부모에 대한 반항심리로 부모들의 세계관을 저버리는 일은 없는 것 같다. 그리고 2세들은 부모의 가치관을 거의 그대로 받아들인 것 같다. 아버지의 부수적인 입장과 비교해서 자신의 사회 정치적인 입장을 어떻게 설명하겠느냐고 물었더니, 딕은 다음과 같이 말했다.

"아버지의 입장에서 옳은 것이 있다면, 제 입장에서 옳은 것도 있지요!"

낸은 이렇게 말한다.

"저는 암웨이가 중요하다고 생각합니다. 우리가 하는 일도 중요하구요. 우리는 계속해서 회사를 이끌어나가도록 결정되어 있어요. 하지만 회사의 경쟁력이 저 자신에게 그렇게 중요한지는 잘 모르겠어요. 저는 암웨이가 첫째가는 기업이었으면 해요. 그러나 사실 그런 것이 저에게나 덕에게 그렇게 중요한 것은 아니에요. 중요한 것은 우리가 확실하게 사업자들의 욕구를 채워주고 있느냐죠. 우리는 어제 사업자가 되기로 서명한 사람으로부터, 초창기 때부터 시작해서 계속하여 암웨이를 위해 일해나가고 있는 사람들까지, 모든 사람을 원해요. 우리는 암웨이가 그들의 기대에 부응하기를 원해요. 그리고 계속해서 암웨이가 사람들에게 희망을 주는 하나의 기회가 되기를 바랍니다. 암웨이는 그런 의미에서 저에게 도전의식을 갖게 해줍니다."

낸과 덕, 그리고 다른 밴 앤델과 디보스의 2세들은 그러한 도전을 감당할 수 있는 마음의 준비와 경영술을 갖추게 되었다. 젊은 경영인으로서 이미 그들은 유명한 그들 아버지들의 "마술적인 힘"을 이어갈 수 있는 면모가 보였다. 그들이 아버지 뒤를 잇는다는 것은 암웨이의 요구에 부응할 수 있도록 완벽하게 준비가 되었기 때문일 것이다.

현재는 1995년 아버지 뒤를 이어 회장 자리를 물려 받은 스티브 밴 앤델과 덕 디보스 사장이 공동경영 체제를 유지하고 있다.

폴 시럭스는 그의 책 '모기 해안(Mosquito Coast)'에서 이렇게 기술하고 있다.

"기억하라. 경험은 결코 우연히 생기지 않는다. 경험은 경험을 얻으려고 애쓰는 사람에게 주어지는 보상인 것이다. 그것은 우연이 아닌 의도적인 행동에 의해 얻어지며, 결코 쉽게 얻어지지 않는다."

리치 디보스와 밴 앤델의 2세들도 의심할 여지없이 이 말에 동의할 것이다.

68 지켜야 할 약속

8
양키가 오고 있다

1970년에 암웨이가 처음으로 해외시장에 발을 내디뎠을 때, 세간에서는 그것을 무모한 시도라고 생각했다.

그때는 국제시장이 암웨이 활동 무대의 3분의 1을 차지하며 가장 빠르게 성장하는 사업 분야가 되리라고는 아무도 예상하지 못했다.

신중한 그 첫 시도로써 호주에 지사를 세웠다. 국제시장 공략을 위한 교두보가 확보된 셈이었다. 그러나 그 프로젝트는 아주 소규모로 그리고 아주 멀리 떨어진 곳에서 시도되었기 때문에 현실성을 무시한 것처럼 보였다. 그래서 호주에 암웨이 지사가 생기자, 사람들은 그들이 곧 본국으로 돌아갈 것이라고 생각했다.

라이트 형제는 그들을 땜장이보다 나을 게 없다고 생각하는 한 회의적인 친구로부터 이런 질문을 받았다. "좋아, 그 기계가 작동한다고 하자. 하지만 무엇에 쓰려고 하늘을 나는 기계를 만들지? 도대체 그 기계로 뭘 할 수 있다는 거야?" 그러자 라이트 형제가 대답했다. "무엇에 쓰려고 신생아를 낳지?"

처음으로 호주에 암웨이 지사가 태어나는 그 모험 이후, 갓 태어난 암웨이 지사는 1년 동안 별 탈없이 지냈다. 그러나 "무엇에 쓰려고 지사를 만들지?" 많은 사람들은 의아하게 생각했을 것이다. 지사의 설립은 암웨이가 본격적으로 국제시장 공략을 시작했다는 데에 의미가 있다. 암웨이는 그 공략의 다음 단계로써 지금까지 태평양지역의 일본, 대만, 한국, 홍콩, 말레이지아, 유럽의 영국, 아일랜드, 프랑스, 독일, 벨기에, 네덜란드, 스위스, 오스트리아 등 58개 주요 지사들을 설립하였다.

호주 지사 설립의 결정은 1960년대에 캐나다와 푸에르토리코에서의 성공에 힘입은 것이었다. 어떤 의미에서 캐나다는 "해외"는 아니지만, 해외 공략을 생각할 때 고려되는 두 가지 문제점을 해결하는 기회를 제공해주었다. 예를 들면 언어상의 문제가 캐나다에도 있었으며(퀘벡은 불어를 사용한다), 또한 국경선을 통해 물건을 운송해야하는 기술상의 문제들이 있었다. 푸에르토리코에서 사업을 시작하는 것은 수 마일 떨어진 곳에 해상으로 물건을 운송함에 따라 해외로의 확장 가능성에 대한 테스트를 하였다.

또한 퀘벡과 푸에르토리코는 암웨이가 국제 무대에서 활동할 때 극복해야할 몇 가지 문제점들을 해결할 수 있는 방안을 제시해 주었다. 따라서 이 지역에서의 빠른 성장은 디보스와 밴 앤델로 하여금 호주에서의 모험을 감행하게 한 것이다. 막상 외국에 진출했을 때 문제점들은 생각보다 쉽게 해결되었다. 언어가 다른 것도 문제가 되지 않았다.

"다행히, 돈에는 언어의 장벽이 없습니다."라고 캐나다의 불어를 사용하는 한 암웨이 지도자는 그렇게 설명했다. 해외운송 문제도 대형 해상 컨테이너를 사용함으로써 해결되었다. 물건이 에이다 제조공장에서 트럭과 철도에 실려 미국 동해안과 서해안 항구로 운송되면 거기에서 선적되었다. 배로 운송되어 행선지인 나라에 닿은 물건들은 직접 창고로 운반되었다.

여기에서 한 가지 중요한 문제를 생각해 볼 수 있다. 그것은 어떤 문제보다도 중요한 것으로서, 과연 미국석인 상황에서 가능했던 암웨이의 경이직인 성취가 다른 문화에서도 가능하느냐 하는 것이다. 그러나 이 문제야말로 가장 작은 문제였음이 판명되었다. 암웨이는 미국인에게만 특별한 것이 아니었던 것이다. 암웨이의 매력이 무엇이었는지 산에, 벌십이 일에서 지위가 높아지고 자유롭게 잘 사는 것은 미국인만의 소망이 아니라 전세계인의 소망이었던 것이다.

암웨이는 거의 일년에 한 나라 꼴로 해외시장을 개척해 왔다. 새로운 지역일수록 개척하기는 더 쉬웠다. 암웨이 제품들은 유럽시장에 들어가기 위해 불어, 스페인어, 독어, 네덜란드어로, 그리고 태평양 시장권을 위해서는 일어, 중국어, 말레이지아어로 이미 번역되고 있었다. 특히 대평양지역 중에서 대만은 니옴과 같은 조건 때문에 개척하기가 훨씬 쉬었다. (1)이미 그 지역 개척에 필요한 지원인력을 확보하고 있었으며, (2)제품에 대한 중국어로 된 자료가 있고, (3)암웨이 간부들이 태평양지역에 있는 다른 국가들을 돌면서 이곳을 들를 수 있다는 편리함과, (4)이곳에 암웨이의 "존재"를 아는 사람들이 있었기 때문이었다.

오스트리아 시장의 개척도 수월했다. 이곳은 독일 국경을 통하여 이미 암웨이 물건이 들어가고 있었기 때문이다. 국제시장 개척 경쟁에서도, "많이 가진 자가 많이 얻는" 원리는 똑같이 적용된다. 암웨이가 커지면 커질수록 해외시장을 개척하는 일은 쉬워지고, 개척이 쉬워지면 쉬워질수록 암웨이는 더 커지는 것이다.

해외시장의 사업자들은 지리상으로 미시건의 본사로부터는 멀리 떨어져 있지만, 이들은 에이다와, 미국에서는 전설과 같은 밴 앤델과 디보스의 활동에 대하여 연대감을 갖는 것 같다. 이들 해외시장에 있는 사업자들이 미국을 여행하게 되면 워싱턴에 있는 자유의 여신상과 디즈니랜드, 그리고 미시건 주의 에이다는 반드시 방문하는 코스다. 그것은 쉽지 않은 선택인데도, 많은 외국인 사업자들은 그랜드 캐년은 빼놓더라도 프리 엔터 프라이즈 센터는 반드시 방문한다.

아마 해외 방문단으로서 가장 규모가 컸던 경우는 독일 사업자들이었을 것이다. 그들은 1984년 여름에 에이다를 방문했었다. 열흘에 걸쳐서 5천명 이상이 왔다. 그들은 3백명, 5백명 단위로 전세비행기를 타고 와서 3일씩 묵고 갔다. 그 첫 팀은 암웨이 간부들과 시장, 대학 밴드부의 환영을 받았다. 그들이 도착한 날은 공교롭게도, 제2차대전 때 연합군이 프랑스에 상륙한 디데이의 40주년 기념일이었다. 그 열흘동안 암웨이 본부를 찾아온 서독인의 수는 그 해 여름 로스앤젤레스 올림픽을 참관한 숫자보다 많은 것으로 추정된다.

이것은 전세계에서 파도처럼 일어나는 암웨이의 활동과 열정을 보여주는 수많은 일화중의 하나일 뿐이다.

일본에서의 네트워크마케팅의 전통은 미국이나 유럽의 어느 나라에서보다도 강하다. 지도상의 어느 나라에서든지 암웨이 사업자의 모집 속도는 가장 빠른 상승곡선을 나타내고 있다. 최근에 일본에서 두 잡지사의 기자들이 7천 마일이나 떨어진 에이다에 와서 인터뷰를 했다. 인터뷰 내용은 암웨이와 암웨이의 해외 확장에 관한 것이었다.

다음에 진입할 주요 국제시장은 아직 어느 나라라고 발표되지는 않았지만 라틴 아메리카 중의 한 국가가 될 것이다. 그 밖의 나라에 대해서는 향후 언제쯤에기는 모든 곳에 들어가는 것에 대한 많은 가능성을 생각하고 있다고 암웨이 간부들은 말한다.

그렇다면 이러한 사업의 국제적인 확장은 무슨 의미가 있을까? 실질적인 면에서, 암웨이 상품을 판매할 수 있는 광대한 시장을 의미한다. 마찬가지로 "국제적인 후원자들"이라는 암웨이의 혁신적인 계획에 따라 미국인들이 모집할 수 있는 수백만명의 잠재적인 사업자들을 확보할 수 있다. 그러나 이러한 일은 사업지의 꽉부터는 더 중요한 의미가 있을 수 있다. 그것은 수년 전 드라마틱한 국제적인 시장의 확장이 시작되었을 때, 암웨이를 지켜보았던 어떤 사람이 적절하게 얘기해 주고 있다.

"암웨이의 해외시장 개척은 감동적인 일이다. 왜냐하면 암웨이는 단지 가정 필수품만을 수출하고 있는 것이 아니기 때문이다. 그들은 자유기업이 상조하고 있는 것, 즉, 한 개인의 삶에 접근하여 그 개인이 자신의 삶을 개선하기 위하여 무엇을 할 수 있는 지를 보여주는 삶의 방법을 수출하고 있는 것이다. 여기에 암웨이 사가 해외시장에서의 성공이 지니는 또 하나의 중요한 의미가 있다.

　미국식으로 사업을 확장하다가 진출국의 문화에 적응하지 못하고 본국으로 돌아오는 기업이 많은데 반해, 암웨이가 해외시장에서 성공했다는 사실은 암웨이의 원칙이 세계 어느 곳의 남녀든지 쉽게 받아들일 수 있는, 미국인만의 것이 아닌 세계적인 것임을 입증해 준다. 미래의 보상을 위해 열심히 일하고 희생하는 것, 좋은 품질의 제품으로 돈을 버는 것, 고객에 대한 개인적인 서비스, 이런 것은 미국에서만 작용하는 원리가 아닌 것이다. 이 원리들은 그보다 훨씬 광범위한 지역에서 작용하고 있으며, 암웨이를 움직여나가는 원리들인 것이다."

9
암웨이에 대한 서른네 가지 질문

해외 시장에서 암웨이의 위상이 높아질수록 암웨이와 그 운영에 대해 궁금한 점은 더욱 많아진다. 그러나 암웨이에 대하여 일부분 알고 있는 사람은 많지만, 자세히 아는 사람은 거의 없다.

암웨이가 화제에 오를 때마다 나오는 질문들은 대부분 비슷한 내용들이다. 그러나 그 질문들에 대한 정확한 대답을 얻기가 쉽지 않다. 어디에 물어 봐야 명확한 대답을 해줄까? 암웨이의 홍보부에 물어 볼 수도 있지만, 그들로부터는 객관적인 대답을 들을 수 없을 것이다. 오히려 광고에서 늘 듣던 내용을 듣게 될 것이다. 그것은 암웨이 홍보부를 믿을 수 없어서가 아니라, 누구나 자신의 회사에 대해 공격적인 질문을 받게 되면 정확한 대답을 할 수 없기 마련이기 때문이다.

루돌프 플레쉬의 고전 '명확한 사고법(The Art of Clear Thinking)'에는 이런 이야기가 나온다.

"아이들이 시금치를 좋아한다고 말하는 어른들을 믿지 말라. 남편이 파스텔 색조와 친즈(화려한 프린트 무늬가 있는 사라사

무명)를 좋아한다고 말하는 아내들을 믿지 말라. 공화당이 공화당 후보를 싫어한다고 말하는 민주당원을 믿지 말라.

흑인이 오히려 인종차별을 좋아한다고 말하는 백인들, 노동자가 노동조합을 탈퇴하고 싶어한다고 말하는 기업인들, 심부름꾼 소년들이 일하는 것을 좋아한다고 말하는 고용주의 말을 믿지 말라."

그렇다고 암웨이에 대해서 무관심한 사람들에게서 믿을 만한 대답을 기대할 수도 없다. 1980년대부터 매스컴의 관심이 높아지면서, 사람들은 저마다 암웨이에 대한 견해를 가지게 되었다. 길을 가다 사람들을 만나게 되면 아마추어 암웨이 전문가를 한두 명쯤 쉽게 만날 수 있다. 그러나 문제는 그들이 암웨이를 밖에서만 보았으므로 사실에 근거하지 않은 잘못된 정보를 갖고 있는 경우가 대부분이라는 것이다.

외부인 들이 암웨이에 대하여 토론하는 것을 듣다 보면 어니스트 헤밍웨이의 글이 생각난다.

"그들은 모두 그것에 대해서 명확하게 이야기했고, 무엇이 중요한 점인지까지도 말했지만 실제로 그것에 대해 아는 사람은 아무도 없었다."

또한 암웨이에 대한 이야기가 화제로 나올 때면, 인류 역사상 일어난 사건들에 대해서 사람들은 자세히 알지도 못하면서 자신이 그 사건에 대해 충분한 정보를 가지고 있지 않다는 사실을 인정한 경우가 없었다는 것을 깨닫게 된다.

여기에는 누구에게도 물어볼 수 없는 질문들에 대한 암웨이에서 공연되지 않은 비공식적인 대답이 있다.

1. 암웨이는 자동차 부품 회사인가?
   아니다. 그것은 암코(Aamco) 사다.

2. 암웨이는 공항에도 호텔을 가지고 있는가?
   사실이 아니다. 그것은 암팩(Amfac)이다.
   암웨이는 미시건주 그랜드래피즈에 5성급 그랜드 플라자호텔이 있다.

3. 방송 "60분"의 마이크 월러스의 질책을 받지는 않았었는가?
   그렇다고 할 수도 있고 그렇지 않다고도 할 수 있다.
   우선 그렇다고 내답하는 것은 1983년 초에 마이크 윌러스는 "60분"에서 암웨이를 다루었다. 그러나 암웨이가 일방적으로 공격만 받은 것은 아니다. 그 점에 대해서는 암웨이 간부들과 월러스가 함께 인정한다. 최소한 암웨이는 "60분"의 조사를 당했으나 무사히 통과할 수 있었다고 말할 수 있다.
   마이크 월러스와 암웨이의 이야기는 흥미로운 것이다. 사실, 마이크 월러스와 관련된 이야기 중에 흥미롭지 않은 이야기는 없으며 실제로 사람들은 아마 그렇게 생각할 것이다. 그는 지난 수십 년간 미국에서 가장 유명한 방송인 중의 한 사람이었으며 그가 진행하는 쇼가 시청률은 계속 상위를 차지하였고, 그의 경험을 쓴 '밀착취재(Close Encounters)'는 출간되자마자 베스트셀러가 되었다.
   마이크 월러스는 방송 "60분"에서 문제가 있는 기업이나 개인, 단체에 대해 방송을 하게 되면서 전국적으로 유명한 사람이 되었다. 그의 책에서 그는 자신이 모든 악인은 물론이고 악마의 소행까지 폭로할 수 있는 인물로 유명해졌다고 말하고 있다. 또한 "60분"을 통해 그의 명성이 높아지자, 어쩌다 만나는 사람들마다 "60분"을 통해 폭로되기를 바라는 범법 행위나 스캔들을 그에게 말해줬다고 한다. 그들은 자신들이 당한 범죄 행위와 비열한 일들을 아주 실감나게 묘사하면서 이렇게 말한다. "월러스, 당신이 이 일을 조사해야 해요. 그것이 당신 일이잖아요"

월러스가 악당들에 대한 사실들을 폭로하게 되면서 그의 명성은 더욱 높아졌다. 그러자 대중은 "60분"의 취재를 받는 대상은 뭔가 끔찍한 범죄와 관련이 있는 것으로 인식하게 되었다. 그 점에 대해서 월러스 자신도 느꼈는지, 그의 책에 웃지 못할 농담을 이렇게 소개해 놓았다.

"당신이 사무실에 출근해보니 '60분'의 방송 요원들이 당신을 기다리고 있었다고 한다면 그날은 당신에게 억세게 운수 나쁜 날이 될 것이다."

이런 반응을 월러스 방송 팀은 "마이크 공포증"이라고 부른다.

CBS 방송국은 이러한 분위기를 더 조장한다. 프리랜서 작가인 게리 폴 게이츠는 이렇게 꼬집어 말했다.

CBS는 공포 분위기를 조성하기 위해, 무슨 귀신이 나타났다는 식으로, "마이크 월러스가 나타났다는 말을 자주 사용하고 있다."

이러하니 월러스가 암웨이를 방문했을 때, 암웨이 사람들이 놀란 것은 이상할 것도 없다. 늘 하던 대로 암웨이의 이미지를 손상시킬 특종을 얻기 위해 방송 팀이 왔을 거라고 생각한 암웨이 사람들은 월러스의 시도를 거절해야 할지, 아니면 호기로 삼아야 할지 고민했다. 그러나 그들은 월러스를 돕기로 결정했다. 그리고 그 결정은 잘 내린 것이었음이 나중에 판명되었다. 왜냐하면 그 방송은 흔히 언론 매체가 잘하는 흥미 본위의 저속한 파헤치기와는 다른 종류였기 때문이다.

밴 앤델과 디보스가 맡은 일은 에이다에서 월러스와 인터뷰하는 장면을 녹화하는 것이었다. 회사 간부들은 밴 앤델과 디보스가 월러스의 질문에 잘 대응할 수 있도록, 전 ABC 방송국 부사장이었던 월터 피스터를 고문으로 기용해 만반의 준비를 갖췄다. 피스터는 뉴욕에서 불이익을 가져다줄 수 있는 텔레비전 인터뷰를 예상하는 기업인들을 돕는 생생한 텔레비전 워크샵을 운영하고 있었는데, 그는 이렇게 말하고 있다.

"많은 사람들이 인터뷰에 대한 실제적인 준비가 되어 있지 않은 상태로 인터뷰에 응하는 반면, 마이크 월러스 같은 사람은 질문하는 것에 평생을 바친 사람입니다. 기업인들이 월러스와 같은 사람들에게 대응하는 법을 배우는데는 하루 이틀 정도가 걸립니다."

CBS는 디보스와 밴 앤델 외에 사업자 책임자와도 인터뷰를 원해서 노스 캐롤라이나 주의 덱스터 예이거 샬로트가 선정되었다.

그의 조직은 회사 역사상 가장 클 뿐만 아니라 가장 실적이 좋은 팀 중의 하나였다. 예이거 역시 인터뷰를 위해 준비했다. 방송 팀이 왔을 때는 두 분 못지 않게 그도 침착하게 인터뷰를 잘 해내었다.

  1983년 초에 방송이 나갔는데, 그 방송은 편협함이 없이 암웨이 사에 대해 공정하고도 균형잡힌 내용으로 진행되었다. 월러스가 처음에 어떤 생각을 가지고 시작했는지는 모르지만, 그는 암웨이가 "60분"의 폭로와 혹평을 받을 만한 기업이 아니라고 결론을 내렸다. 그 방송에 대하여 그랜드 래피즈 지는 "암웨이에 대한 공정한 입장"이었다고 논평했다.

  몇 달 뒤에 월러스는 암웨이에 대해 말하면서, 그가 처음에 취재를 하러 들어갔을 때는 여러 가지 "추측으로 떠도는 잘못된 이야기들"을 듣고 시작했지만 그 이야기들이 모두 사실무근이었음을 알았다고 인정했다.

  그는 다른 기자에게 이렇게 말했다.

  "우리는 암웨이 제품이 훌륭하다는 점과, 결코 피라미드식으로 운영되는 것이 아님을 알았습니다."

  전국 뮤추얼 방송국 라디오 쇼의 진행자 래리 킹이 그에게 다시 그 일에 대해서 묻자, 자신은 암웨이를 너무나 좋게 생각해서, 듣는 사람들은 "암웨이를 선전하는 것처럼 들을 것"이라고 농담했다. 그리고 그 방송에 대해서 이렇게 설명했다.

  "우리는 사실 암웨이의 협조 없이 방송을 하려고 했습니다. 그런데 그들이 먼저 우리에게 개방적인 태도로 나왔습니다. 그 사람들은 멋진 사람들이었어요. 아주 교양있는 사람들입니다."

  몇 달 후에도 월러스는 암웨이를 숨김이 없는 개방적인 회사로 소개하였다.

  ABC 텔레비전 뉴스쇼의 진행자 테드 카플이 그에게 질문을 하자, 그는 "60분" 방송을 거부하는 일부 기업들의 경향에 대해서 언급하면서 다음과 같이 말했다.

"저는 기업들이 솔직하게 아무것도 숨기려 하지 말고, 방송에 출연할 수 있는 좋은 기회로 여긴다면 그 회사에 이로운 방송이 되리라고 생각합니다. 예를 들자면 암웨이 사가 그런 경우죠. 그들은 자신들이 최선을 다한다면 그 방송을 통해서 얻는 것이 있을 것이라고 생각했습니다. 그들은 사전에 어떤 질문을 할 것인가, 특정 부분은 삭제해 달라는 식의 질문이나 요구는 하지 않았습니다. 그들은 우리를 경계하지 않고, 그들의 서류와 공장을 숨김없이 보여 줬습니다. 결과적으로 우리는 그 사람들과 대화가 가능하게 되었고, 이미 그들은 '60분' 프로그램을 보고 미쳐 믿었을 겁니다. 우리가 보고 싶어하는 그런 방송은 아니지만, 공정하고 정확한 것이었다. 대체로 괜찮았다고 말이죠."

혹시라도 마이크 월러스가 암웨이 사의 합법성에 내하여 의심을 갖고 있었다면, 1983년 가을에 그 의심들은 일소되었을 것이다. 암웨이 사는 그랜드 래피즈에서 있었던 다이아몬드 핵심 간부회의에 그를 초청했다. 그 비밀 회의에서 그는 사업자 책임자들과 일문일답을 하였고, 회의가 끝난 후 사업자들과 함께 사진을 찍기도 하였다.

"마이크 월러스가 나타났다"라는 말이 실제로 공포 분위기를 조성한다면, 그것은 아마 대중으로 하여금 마이크 월러스를 믿도록 하려는 방송국의 의도가 적중한 것일 것이다. 이제, 어떤 비밀이든지 캐낼 수 있는 재주를 가지고 마이크 월러스가 당신

회사에 나타난다면 그날은 운수 사나운 날이 아니다. 왜냐하면 그는 당신 회사에 대해서 "합격"이라고 말할 것이며, 그것은 믿을 만한 회사라는 최상의 표현이기 때문이다.

4. 암웨이 판매 방식이 피라미드식은 아닌가?
 (여기서의 피라미드식은 불법적인 방법을 말한다.)
 암웨이에 대한 이야기는 라디오 쇼와 같은 공적인 행사나, 커피 자판기 앞과 같은 사석에서 늘 화제의 초점이 되고 있다. 피라미드 방식이 여론화된 것은 1960년대이다. 그 당시 글렌터와 커스콧이라는 회사는 대담하게 "대기업에 도전"하는 회사로 대서특필 되었다. 그의 화려한 등장을 지켜본 많은 사람들은 막연하게나마 그들의 마케팅 기법이 피라미드 방식일지도 모른다는 의혹을 품게 되었다.
 암웨이가 피라미드 방식을 따르는 것이 아니냐는 질문에 대한 대답은 법규을 근거로 한 합법성에 관련된 문제이다. 물론, 피라미드 방식은 불법이다. 그리고 암웨이는 피라미드 방식을 쓰지 않는다. 이것은 단지 암웨이 사람들이 스스로 피라미드가 아니라고 생각하고 있다는 것이 아니라, 법적인 근거가 있다.
 법치주의 사회에서 암웨이가 법적인 제재를 받지 않고 암웨이의 사업방식이 피라미드 방식이 아니라는 것에는 의심의 여지가 없다. 이 이야기를 사람들이 받아들이지 않는다고 하더라도 그것은 사실이다.
 에드워드 블래든은 워싱턴 타임즈 기자가 암웨이사에 대하여 어떻게 생각하느냐고 묻자, 그는 이렇게 대답했다.

"우리는 암웨이가 피라미드 방식으로 운영되고 있다고 생각할 만한 어떤 정보나 기록도 가지고 있지 않습니다. 사실, 암웨이는 피라미드 방식을 반대하는 가장 믿을 만한 회사 중의 하나입니다. 오히려 그들은 법조인들에게 그런 종류의 일을 내버려 둬서는 안된다고 충고해 왔습니다."

메릴랜드의 검찰 총장인 스티브 세이치 역시, 볼티모어의 텔레비전 쇼 인터뷰에서 암웨이에 대한 질문을 받았다. 그는 피라미드식 회사들에 대해서 설명하면서 다음과 같이 말했다.

"이 회사들은 공정하게 커미션을 주기로 판매 계약을 맺는 회사들과는 차이점이 있습니다. 암웨이가 공정한 계약을 맺는 회사인데, 이제까지 암웨이는 법정에서 아무 문제가 없었습니다. 왜냐하면 보통 피라미드 방식에서 발견되는 사생적인 요소가 없었으니까요. 제가 특정 기업을 홍보하기 위해 여기 나온 것은 아니지만, 암웨이는 법적으로 아무 하자가 없는 회사입니다. 사람들이 물건을 사면서, 그들이 사는 물건에 대한 값을 지불하고, 그 중의 일부는 높은 커미션으로 사업자에게 돌아가게 되는 이들의 방식은 피라미드식 방식이 아닙니다. 법적으로 아무 문제가 없습니다."

특별히 법에 대해 공부한 사람이 아닌 이상, 불법적인 피라미드 방식과 합법적인 마케팅 방식을 구분하기는 쉽지 않다. 사실상, 피라미드 방식의 특징은 법에 의해서 잘 정의되어 있다. 그러나 그 특징들의 대부분은 터너 스캔들이 터지고 매스컴이 이 문제에 주목함으로써 어느 정도는 알려지게 되었다.

노스 다코다 법학대학의 계약법 교수이며 변호사인 로드니 케이 스미스는 그의 저서 '다단계 마케팅'에서 피라미드 방식을 이렇게 설명하고 있다. 불법적인 피라미드 방식에는 우선 2가지 특징이 있다.

(1) "재고 부담제". 이 개념은 새로 채용된 사람은 반드시 상당량의 재고품을 구매해야 하며, 회사는 절대로 환불해주지 않는다. 또한 이 재고 구매에 대한 보상은 신입 사업자의 후원자가 보상받게 된다.

(2) "스카우트 수당 제도".

신입 채용인 또는 사업자가 입회비조로 상당량의 금액을 내는 것으로, 그 금액의 일부는 후원자에게 돌아간다.

이 중의 한 가지 특징만 있거나 두 가지 다 갖춘 경우는 불법적 피라미드 기업이라고 말할 수 있는 충분한 근거가 된다.

암웨이가 피라미드 기업이 아니라는 가장 직접적인 근거는 법정 판결을 통해서 나왔다. 1970년대에 캘리포니아 법정은 피규레트라는 회사가 피라미드 판매를 했다는 혐의로 재판을 받았다. 그 때 피고는 암웨이의 마케팅 방식과 자신들의 방법을 비교하면서 적법성을 주장하고 나섰다. 그러자 법정은 다음과 같은 이유로 암웨이의 적법성을 제시하면서 그러한 비교를 단호하게 거부하였다.

"암웨이는 다음과 같은 방법으로 피라미드의 폐해를 피하고 있다. (1)스카우트 수당 제도가 없다. (2)실적 보너스는 반드시 상품 판매를 전제로 한다. (3)재고품은 회사가 재구매한다. (4)특정 비율의 제품은 고객에게 소매가로 판매 한다…."

1978년 미연방 공정거래 위원회는 암웨이가 피라미드 기업이 아니라는 판정을 내렸다. 몇 달 동안 증언을 듣고 조사한 티모니 판사는 다음과 같이 분명하게 판결을 내렸다.

"암웨이의 판매와 마케팅 계획은 피라미드 방식이 아니다. 지난 20년 동안 암웨이사는 견실한 제조 회사로서, 또한 효과적인 판매 시스템을 운영하여 왔다. 소비자들은 이 새로운 종류의 공급 방법에 의해 혜택을 받아 왔고, 암웨이 제품에 대한 브랜드 로열티를 부담함으로써 그 혜택에 보답해 왔다."

로드니 스미스 교수는 이 모든 사건들을 그의 책에서 재검토하면서 다음과 같은 중요한 결론을 내렸다.

"암웨이는 과거에도 절대로 불법 피라미드 기업이 아니었으며 현재도 아니다."

5. 어떤 사람은 자신이 몇 년 전에 암웨이에서 일했는데, 많은 손해를 보았다고 한다. 이런 일이 자주 있는가?

암웨이 마케팅 방식의 특징상 사업자는 커다란 경제적 손실을 입지 않도록 되어 있다. 암웨이가 독점 판매권을 팔거나 대량의 재고를 구매도록 허용하지 않기 때문이다. 처음 사업자가 되어 필요한 자료들을 구입할 때 드는 비용이 전부다. 이 비용에 대하여 암웨이 선전용 팜플렛은 "구두 한 켤레 구입 비용에 상당하는 비용"으로 명시하고 있다.

비용이 이렇게 낮게 책정된 이유는 판매를 잘못하는 사람들의 경우 큰 손해를 보지 않도록 하기 위한 것이다. 사업자로 있던 사람들로부터 암웨이 때문에 큰 손해를 보았다고 불평을 듣는 것이 회사로서는 그리 유쾌한 일이 아니기 때문이다. 그런 이유인지 아닌지는 모르지겠만, 회사에서는 될 수 있으면 사업자가 손해를 보는 일이 일어나지 않도록 연구하고 노력한다.

물론 암웨이는 신규 사업자들이 판매촉진을 위해 스스로 돈을 쓰는 것에 대해서는 개입하지 않고 있다. 어떤 사람은 자신이 암웨이에서 단 몇 주 동안에 수백 달러를 손해보았다고 떠들고 다녔다. 이 이야기를 들은 한 기자는 그 이야기를 좀더 자세히 알고 싶어서, 첫 착수금이 그렇게 적은데, 어떻게 수백 달러씩이나 손해를 보았느냐고 물었다. 그러자 이 딱한 양반이 말하기를, 자신은 사업자가 된 처음 며칠 동안 성급하게 모든 비디오 장비, 즉 카메라, 레코더, 모니터 등을 샀다는 것이다. 자신은 비디오 장비로 승부를 내야한다고 생각했기 때문이라고 설명했다.

몇 주가 지나지 않아서, 이 사람은 자신이 도저히 암웨이 사업이 체질에 안 맞는다는 것을 알게 되었는데, 그때는 이미 벽장 안에 비싼 비디오 장비가 가득 차고 난 후였다. 그는 암웨이에서 큰 손해를 보았다고 불평하지만, 그것은 고가품에 성급하게 덤벼든 자신의 성격 탓이지 암웨이 탓만은 아니다. 암웨이에서 손해를 입었다고 말하는 사람들의 경우가 대부분 이런 종류의 이야기이다.

6. 암웨이가 캐나다 정부에 이천 오백만 달러 벌금을 냈다는 기사를 읽은 적이 있다. 어떻게 된 일인가? 지금도 캐나다에서 회사를 운영하고 있는가?

암웨이는 현재도 캐나다에서 회사를 운영하고 있다. 캐나다에 있는 암웨이 사업자 숫자는 약 수십만 명 정도인데, 매년 판매액이 수천만 달러에 달하고 있다. 미국에서는 경기가 안 좋아 성장이 둔화되는 해에도, 캐나다에서는 활기를 띠고 있다.

사람들이 말하는 이천 오백만 달러의 벌금을 물게 된 경위는 캐나다 국세청과 암웨이 사이에 있었던 관세부과 판결과 캐나다의 관세율에 따라 물게 된 것이다. 그 다툼은 1970년대 초반에 시작된 복잡하게 얽힌 까다로운 것이었다. 그 때는 암웨이가 캐나다에 있는 사업자들에게 물건을 보내기 위해 처음으로 미시건 주에 있는 제조 공장에서 물건을 국경선 너머로 선적해 보낸 해였다.

문제는 암웨이의 판매 방법이 자유로운데 있었다. 암웨이는 "다이렉트" 사업자들에게 물건을 팔았고, 그들은 그 물건들을 다른 암웨이 사업자들에게 보냈다. 암웨이에 부과된 세금은 어떻게 책정된 것이냐는 질문에는 정확하게 대답하기 어렵다. 암웨이는 그 당시 캐나다 정부의 요구에 동의하여 세금을 납부했고, 그 후 그 같은 법 적용은 무효로 판정 받았다.

당시에 캐나다 정부는 문제의 수 천만 달러를 벌금으로 부과하였다. 그 돈은 엄청난 액수였다. 캐나다 돈으로도 큰돈이었다. 이 기사가 수백 개의 신문에 대서특필된 것은 두말할 필요가 없다.

사람들이 간과하고 있는 중요한 사실은 그 사건이 암웨이 마케팅 시스템의 적법성이 문제가 되어 일어난 것이 아니라는 사실이다.

암웨이가 거액의 벌금을 물게 되었다는 머릿기사를 읽은 사람들은 기사를 더 이상 읽지도 않고 그 세금부과가 암웨이의 운영 방법에 문제가 있어 캐나다 법정이 소송을 제기한 것으로 판단했을 것이다. 그러나 그렇지 않다. 그것은 그저 단순한 관세에 관한 소송이었다. 그 소송은 피라미드 판매방식의 혐의가 있어서 제기된 것도 아니고, 허위 광고에 대한 것이나, 그 외의 다른 예민한 문제로 일어난 것도 아니었다. 그것은 단순히 암웨이와 캐나다 국세청 사이의 다툼으로 소송내용은 세금을 얼마나 물 것이냐에 관한 것이었고, 암웨이가 그 소송 판결에서 진 것이었다.

또 한가지 흥미로운 사실은 이 소송 사건으로 인해 캐나다 사업자들이 생각하고 있는 회사의 명예가 조금도 실추되지 않았다는 점이다. 벌금이 발표되자마자, 디보스는 수천 명의 캐나다 사업자들을 위로하기 위해 밴쿠버, 위니펙, 캘거리, 토론토, 몬트리올을 돌며 연설을 했다.

그와 함께 여행한 그랜드 래피즈 기자는 그의 리셉션을 "영웅 대접"이라고 표현했다. 디보스는 자신이 캐나다에 온 것에 대해 이렇게 말했다.

"저와 제이 밴 앤델은 이 사업을 위해서 일하고 있고, 또한 캐나다를 위해서 일하고 있으며, 그것은 여러분을 위해 일하는 것이기도 합니다."

캐나다 사업자들은 벌금 사건이 여론화된 것은 잠시 작은 장애물을 만난 것과 같다는 그의 연설에 공감하고 있었다.

앙드레 블랑샤드는 몬트리올에 거주하는 암웨이 사업자 책임자이다. 그는 캐나다에서 암웨이의 장래가 밝다고 생각하는 사람이다. 그의 판매 팀은 오타와에 벌금 사건이 알려진 그 기간 열흘을 오히려 판매촉진의 기간으로 정해 두배의 매출을 올렸다.

"사람들은 우리 물건을 사려고 기다리고 있는 모양입니다. 우리 회사에 대해서 매주 그다지 좋지 않은 뉴스를 듣는데도, 사람들은 신경조차 쓰지 않았습니다. 특히 정부와 관련된 뉴스일 때는 말입니다. 우리는 전혀 타격을 받지 않고 있습니다."

7. 암웨이 사업자들은 어떤 사람들이며 그들은 어떤 일을 하고 있는가? 그 시스템은 어떤 식으로 운영되는가?

이 질문의 대답에 해당하는 내용을 암웨이 사람들은 "방식"이라고 부르면서 사람들에게 설명해 주고 있다. 사업자가 이 질문에 적절하게 대답하자면 1시간 이상은 족히 걸린다. 그리고 이들은 설명하는 방법이 약간씩 다른 것 같다. 어떤 사람들은 이 시스템이 어떻게 운영되는지 설명하는 것은 청각 장애자에게 바하 음악의 섬세함을 설명하는 것과 같다는 생각이 들어서 아예 설명하려고 들지도 않는다. 그러나 그 질문에 대한 간략한 대답은 다음과 같다.

암웨이 사업자들은 기본적으로 두 가지 일을 한다. 그 한가지 일은 암웨이 제품을 친구들이나, 이웃, 그리고 다른 고객들에게 소매가로 파는 일이다. 그리고 또 한가지 일은 다른 사람을 사업자로 모집하는 일이다.

제품을 파는 것은 간단하다. 사업자는 손님에게 보여 줄 여러가지의 상품 목록을 가지고 다닌다. 이 상품들은 암웨이공장에서 제조되어 농축된 상태로 사업자에게 넘겨져, 개인이나 가정에 전달된다. 사업자들은 판매한 물건에 대해서 소매가격의 30%를 커미션으로 받는다.

두 번째 활동 즉, 다른 사람을 사업자로 모집하는 일을 "후원"이라고 한다. 일정 조건 하에서, 사업자는 그가 후원한 사람의 판매 수익금의 일부를 보너스로 받을 수도 있다. 그러나 그것은 사업자를 모집한 것에 대한 직접적인 보상이 아니라, 새로 들어온 사업자가 정상적으로 일을 하고 판매하게 되었을 때, 후원자가 그에게 제품을 공급하고 판매 기술을 가르친 수고에 대한 보너스를 회사가 지급하는 것이다. 따라서 어떤 사람이 후원한 많은 사업자들이 암웨이에서 일을 잘하면 잘할수록 그 후원자의 수입은 큰폭으로 증가하게 된다.

암웨이에서 성공한 많은 사업자들은 직접 상품을 팔기도 할 뿐만 아니라, 다운라인들로 하여금 상품을 잘 팔도록 지원함으로써 높은 수익을 얻고 있다. 암웨이 사는 각국지사의 지역 유통 센터라는 창고를 운영한다. 그리고 각 지역의 유통 센터에서 물건을 발송한다, 또한 사업자가 물건을 직접 받아 개인적으로 고객에게 전달하기도 한다.

암웨이 사에는 그들만이 사용하는 용어들을 가지고 있다. 간단하게 정리해 보면 다음과 같다.

후원자

다른 사람의 후원자가 된다는 것은 어떤 개인을 설득하여 지원서에 서명하게 하고 사업자로 활동할 수 있게 교육하고 훈련함으로써, 사업에 동참하게 하는 것을 말한다. 잭은 질의 후원자가 되는 것에 대한 보수를 받지 않는다. 그러나 질이 교육훈련과 제품을 받아 사용해 봄으로써 사업을 하겠다는, 동기부여가 되면 회사는 질의 판매량에 근거해서 소정의 보너스를 잭에게 지급한다.

레그

갑이 모집한 모든 신규 사업자들은 갑의 조직에 "레그(leg)"가 되며, 갑이 을의 후원사일 때 을은 갑의 레그 중 한 명이 되는 것이다. 또한 레그인 을은 다른 사람의 후원사가 된다. 다시 말해서 갑의 레그 숫자는 그가 개인적으로 후원자가 되는 사람들의 숫자인 것이다.

개인 그룹

갑이 모집한 사업자들과 그 사업자들이 모집한 사람들까지 모두 갑의 그룹이 되고, 갑은 그 님이 다이렉트 사업자가 된다. 그러나 이 말은 갑이 그의 개인 그룹의 우두머리가 된다는 의미는 아니다. 즉, 자신이 직접 후원 했지만 분리 독립하지 않은 사람들을 말한다.

개별 교육

"개별 교육(Show the plan)"은 암웨이식 판매와 마케팅 시스템 가입을 희망하는 사업자에게 설명하는 것을 말한다.

일정 장소에서 마킹 보드나 차트, 슬라이드를 보여 주거나, 또는 레스토랑에서 만나게 되는 경우에도 어떤 재료든 사용하여 암웨이 사업을 설명할 수 있다.

단체 교육
사업자가 가입을 희망하는 예비 사업자들을 단체로 모아놓고 설명을 하는 것을 말한다.

독립
갑이 을의 후원자이며, 을이 판매책임자가 되었을 경우, 갑은 "독립 다이렉트 사업자"가 되는 것이다. 다시 말해서 갑은 을이 판매책임자로서 분가하는 것이 된다. 이럴 때 회사는 갑이 을을 도와준 것에 대해서 을의 판매량의 일부에 해당하는 금액을 매달 보너스로 지급한다.

다이아몬드
암웨이는 독립한 다이렉트 사업자나 그 외의 목표를 달성한 사업자들에게 배지를 상으로 주고 있다. "다이아몬드" 배지는 그 중의 하나로 여섯 레그의 책임자를 독립시킨 사업자에게 주어진다. 이 배지는 배지 이상의 의미가 있다. 이 배지를 받게 되면 부상으로 현금 보너스와 함께 장려금이 주어진다.

이 배지는 지위에 따라, 실버 프로듀서, 골드 프로듀서, 플래티늄, 파운더스 플래티늄, 루비, 파운더스 루비, 사파이어, 파운더스 사파이어, 에메랄드, 파운더스 에메랄드, 다이아몬드,

파운더스 다이아몬드, 수석 다이아몬드, 파운더스 수석 다이아몬드, 더블 다이아몬드, 파운더스 더블 다이아몬드, 트리플 다이아몬드, 파운더스 트리플 다이아몬드, 크라운, 파운더스 크라운, 크라운 앰배서더, 파운더스 크라운 앰배서더 순으로 올라간다. 이 배지로 그의 지위를 알 수 있다.

8. 암웨이는 상당한 돈을 벌었다고 알려져 있다. 암웨이 사가 비누 사업으로 번 돈은 어느 정도 되는가?

    암웨이는 화장품이나 다른 소모품과 마찬가지로 비누와 세제로도 큰돈을 벌었다. 이 산업은 전통적으로 생산비용과 소비시 가격 사이의 이윤 폭이 큰 사업이다. 세제나 립스틱은 고가품인 자동차나 부동산만한 대형사업은 아니다. 그때시인지 사람들은 "비누 사업"을 우습게 본다. 그러나 이 품목이 큰돈을 벌어들인다. 더구나 샴푸는 알짜배기 황금시장에 속한다.

    제조업자가 안고 있는 문제는 생산비가 많이 드는 데 있다. 식료 잡화점의 선반을 차지하는 유명 회사의 제품들은 시장을 점유하려는 경쟁이 치열하다. 단순히 튜브에 든 치약만 해도 한 벽면을 차지할 정도로 다양한 회사에서 쏟아져 나온다. 그 치약들을 살펴보면 적어도 수백 가지 종류는 될 것이다. 그러나 제조업자가 완전히 새롭고 혁신적인 치약을 시장에 내놓는 것은 사실상 어렵다. 왜냐하면 고객들은 눈에 익은 유명 회사의 제품들을 선택하기 때문이다. 다시 말해서 그들은 눈에 익숙한 상표가 붙은 제품을 산다는 이야기다. 말하자면, 어느 제품의 시장 점유율이 높으냐는 광고를 얼마나 많이 했느냐에 달려있다.

그런데 광고비가 너무 비싸다. 미국 전지역에 광고하는 것을 전제로 텔레비전 광고와 인쇄물 광고를 하려면 한번에 수천 달러를 쏟아 넣어야 한다. 이것은 단일품목이든, 여러 가지 종류든 마찬가지이다.

또 한가지 재미있는 사실은 아무리 쉐이브 크림의 광고를 많이 한다고 해도 헤어스프레이의 이름만큼 알려지지는 못한다는 사실이다. 둘 다 같은 회사제품일지라도.…

아메리칸 에어라인은 판매를 위해 한가지 광고 활동만 하면 된다. 자연히 광고비용도 그 한 분야에만 들어간다. 그러나 가정과 개인을 상대로 하는 제조업자는 소매점 경쟁까지 하려면 여러가지 광고비를 부담해야 한다. 매스컴 시대인 요즈음에는 텔레비전 광고 30초에 수천 달러이상이 드는데 상당히 비싼 액수다.

프록터 갬블 같은 대기업은 연간 텔레비전 광고에만 수억 달러를 쓴다. 대부분의 회사들은 회사 운영상 어쩔 수 없이 드는 비용으로 생각하고, 그 비용을 당연한 것으로 받아들이고 있다. 하지만 대부분의 회사는 광고비를 제품의 가격에 포함시킴으로써 소비자에게 광고비를 부담시키고 있다. 결국 소비자가 품위있는 생활을 위해 쓰는 모든 돈은 유명상품을 쓰고 있다는 자부심을 위해 소비되는 것이다.

그러나 암웨이의 마케팅방식은 이런 재래 방식과는 전혀 다르다. 기본적으로 암웨이 사업자는 소매시장을 점유해야 하거나 광고를 할 필요가 없다. 대부분의 텔레비전 광고와 인쇄물 광고는 회사가 담당하기 때문이다. 더구나 시장을 확보하기 위한 일차적인 수단으로 광고에 의존하지도 않는다. 그 대신에 상품을 가지고 직접 소비자를 찾아간다.

어떻게 보면 암웨이는 상당한 액수의 광고비를 절감함으로써 타회사와의 정면 대결을 피해 가는 것일 수도 있다. 절감된 광고비는 사업자들에게 돌아간다. 그들이 그 돈을 받는 것은 당연하다. 왜냐하면 암웨이 제품의 수요를 창출하는 것은 광고회사가 아니라, 바로 그들이기 때문이다. 이 돈은 암웨이의 보너스 지급 원칙에 따라 지급되고 있다.

암웨이가 사업자들 덕분에 큰돈을 번 것은 사실이다. 그리고 그 돈은 아주 유용하게 쓰인다. 회사는 벌어들인 돈의 상당한 부분을 다시 판매 시스템으로 돌아가도록 한다. 다시 말하면, 텔레비전 방송국이나 광고회사에게도 들어갈 돈이 사업자들에게로 돌아가는 것이다.

9. 암웨이 제품은 왜 그렇게 비싼가?

대부분의 암웨이 제품은 사업자들의 편의를 위해서 농축된 상태로 사업자에게 넘겨진다. 농축된 상태로 있으면 물건을 보관하거나 배달하기에 편리하기 때문이다. 이러한 점 때문에 물건이 비싸게 느껴지는 것이다. 암웨이 사는 사용량에 대한 비용을 계산해 보면 타사와 비교했을 때 결코 비싼 것이 아니라고 주장한다. 사실 이 주장은 근거가 있는 주장이다.

암웨이 세제 가격이 타회사 제품의 두 배라고 하더라도, 암웨이 세제 한 박스면 다른 회사세제 한 박스로 해결할 수 있는 빨래량의 4배를 더 빨 수 있으니, 오히려 저렴한 가격이다. 생산비용을 비교한다면 암웨이제품은 다른 회사와 비슷하거나, 오히려 더 싸다. 일반 소매상점 주인들은 왜 제품이 농축되어 나왔는지 설명하는 것을 귀찮아할 것이다. 그래서 소매상점에 물건을 내는 대부분의 회사들은 농축하여 제품을 만드는 것이 회사에게나 소비자 양쪽에 많은 이점이 있는데도 농축된 제품을 만드는 것을 꺼린다. 그러나 가정을 방문하는 암웨이 사업자들은 사용량과 생산원가를 설명할 수 있다.

아마 암웨이의 가격이 다른 회사와 비슷하다는 사실을 뒷받침할만한 가장 믿을만한 증거는 50년 이상 성장해온 회사의 실적일 것이다.

사람들은 연간 수십억 달러 어치의 암웨이제품을 구입하고 있다. 가격이 타회사보다 비싸다면 이러한 실적이 계속될 수는 없다.

10. 왜 암웨이 제품은 다른 물건들처럼 슈퍼마켓에서 살 수 없는 것인가?

1959년 초부터 암웨이 사는 직접판매회사로서 입지를 다져왔다. 네트워크마케팅 판매는 두 가지 방법을 따를 수 있는데, 그 하나는 소매점을 통하여 소비자가 물건을 구입하는 방법이고, 또 하나는 사업자가 소비자를 직접 찾아가는 방법이다.

네트워크마케팅 방식이 유행하기 시작하면서, 암웨이는 사업자에 의한 유통시스템을 유지하기로 결정했다. 소매점으로 물건을 유통시킬 경우, 이제까지 소비자의 로열티를 받아온 사업자들은 떨어져 나갈 것이기 때문이다.

만일 제인이라는 사람이 뉴트리라이트 제품을 판매한다는 사실을 이웃 아주머니에게 알려준다면, 그 아주머니는 이제부터 제인에게서 물건을 계속 구입할 것이므로, 제인은 자신에게 물건을 공급하는 사업자와 경쟁할 필요가 없어진다. 마찬가지로 암웨이도 같은 물건을 지역 슈퍼마켓에 판매할 필요가 없다.

암웨이 제품은 소비자들에게 좋은 평가를 받아왔다. 따라서 슈퍼마켓에 물건을 유통시킨다면 훨씬 많은 이윤을 남길 것이다. 하지만 그들은 사업자 세일즈를 고집한다. 말하자면, 그것은 원칙상의 문제인 것이다. 이것은 마치 한 시골 소년이 댄스 장에 소녀를 데리고 갔는데, 다른 예쁜 소녀들하고도 춤을 추고 싶지만, 노리상 자신이 데리고 간 소녀와 춤을 계속 추는 것과 같다. 1984년 암웨이 25주년 기념식 때 신문 인터뷰에서 밴 앤델과 디보스는 사업자를 기본으로 한 마케팅 방법은 암웨이 운영에서 절대로 변할 수 없는 요소중의 하나라고 밝혔다. 밴 앤델은 이렇게 말했다.

"암웨이는 이 판매방식을 고수해야 할 의무가 있습니다. 그것은 이 시스템에 관계되어 우리 제품을 팔아온 사람들에 대한 의무인 것입니다. 우리 회사가 추구하는 모든 것은 어떻게 하면 이 사람들이 더 성공하도록 도울 수 있는가이기 때문에, 자연히 다른 마케팅 방법이란 없습니다."

이와 같은 이유로, 암웨이 제품이 그렇게 인기가 있음에도 불구하고 슈퍼마켓에서 살 수 없는 것이다.

11. 암웨이는 사업자들의 감정을 자극하여, 이들을 조종하기 위

한 무슨 부흥회 같은 집회를 갖는다는 이야기를 들은 적이 있다. 암웨이의 "대중집회"는 어떤 것인가?

암웨이는 "대중집회"를 연다. 컨벤션홀이나 대형경기장에 수천 명이 모이는 큰 모임은 암웨이 행사 중의 중요한 부분이다.

이러한 대중집회는 일반인이 보기에 암웨이만 갖는, 가장 이상한 암웨이 행사 중의 하나일 것이다. 그리고 또한 언론이 가장 관심을 모으는 부분이기도 하다. 수 천 명이 같은 시각, 같은 장소에 모인다는 사실이 텔레비전, 신문기자들에게는 뭔가 특종 감이 숨어있을 것으로 보이는 모양이다. 그들은 대중집회가 있을 때면 어김없이 몰려든다. 어쨌든 중요한 것은 암웨이가 오랜 기간동안 회사와 사업자들이 만나는 이런 특별한 대형 모임을 열어왔다는 것이다.

그리고 이 대형모임은 독일 뉘른베르크에서 열렸던 나치당 대회와 기독교의 부흥회에 비교되곤 했다. 언론은 이 회의에 참석한 사람들이 감정적으로 격해지면서, 반 최면적인 세뇌 상태에 이르고, 그들이 보통 때에는 혐오했을 그런 일들을 하도록 조종당하는 것으로 묘사한다.

그러나 암웨이 집회가 무슨 사악한 힘이라도 이용하는 것처럼 보도한 이런 내용은 사실이 아니다. 이 집회가 다채롭고 좀 시끄러울 수는 있다. 집회에 처음 참석하는 사람은 지나치게 흥분한 분위기에 이질감을 느끼고 곤혹스러울 수도 있다. 그런가하면 자신의 주위를 둘러싼 많은 사람들이 너무 재미있어 하고, 흥분을 표현하니까 자신도 모르게 흥겨워질 수도 있다. 그러나 결코 어떤 광적인 분위기를 유도하기 위해 최면술을 쓰거나, 약을 사용하지는 않는다. 또한 종교집회와 대중을 세뇌시키기 위한 비밀집회와는 그 분위기부터가 다르다. 이 집회의 분위기는 "격렬한 분위기"가 아니라, "축제"분위기이다. 그들은 집회를 재미있어 한다. 좀 이상하게 들릴지 모르지만, 이들은 회의를 하면서 한없이 즐기는 것이다.

암웨이 사람들이 감정적으로 조종당한다는 것도 사실무근한 것이다. 이러한 비난에 대하여 한 사업자는 이렇게 말한다.

"이것 봐요, 이건 무슨 원시시대 집회나, 10대들 수 천명이 모여 광란하는 그런 록 콘서트가 아니에요. 우리 회의에는 성인들, 교양있고 지적인 사람들이 모여요. 우리는 그저 함께 모이는 것을 즐기는 거에요. 서로의 꿈과 인생의 목표를 이야기하고, 사는 재미와 흥분을 나누고 표현하고 그리는 것뿐이에요. 우리 사업자들은 고객을 만나다보면 감정을 억눌러야 하는 경우도 많죠. 하지만, 함께 모여서 마음속 이야기를 터놓으면 유쾌해져요. 그동안 감성을 억누르고 있다가, 우리들끼리 보이는 해방감을 느끼게 되는 것이죠. 이를테면 신나는 운동경기를 보는 것과 비슷하다고 생각할 수 있습니다. 저마다 소리를 지르고, 고함을 치고, 신나게 뛰기도 하고 말이예요."

경기장에 있는 사람들이 치어리더들에게 조정되어 광적인 소리를 지르기 보다는 그들은 단지 즐기어서 그러는 것이다.

그러나 이러한 장면을 암웨이의 가장 소란스러운 집회와 비교해보면, 오히려 암웨이의 집회는 너무나 이성적이고 정상적인 모습일 것이다.

아가사 크리스티의 소설에, 한 여자가 불합리하고 모순되는 장면을 이야기하는 부분이 나오는데, 그 이야기를 듣던 사람이 그녀에게 이렇게 물었다.

"오히려 네가 모순이라는 생각은 안 드니?"

그러자 그녀가 대답했다.

"아니, 나는 그렇게 생각지 않아. 이 일을 글로 쓴다면, 물론 모순으로 느껴지겠지, 하지만 세상에는 너무나 많은 모순적인 일들이 사실이 아닐 때가 많아, 그렇지 않니?"

12. 암웨이는 일종의 기독교 운동인가?

이 질문은 너무 자주 나와서 회사는 아예 해명서를 배포할 정도였다. 그 내용은 다음과 같다.

"우리 회사는 기독교회사도 아니며, 비기독교 회사도 아닙니다. 우리 회사의 두 경영자는 미시건 주 그랜드 래피즈에 있는 네덜란드 캘빈 학파를 따르는 보수주의 개신교 교회를 나가셨고, 이 교회에서 장로로서 다양한 회의와 위원회 활동을 하셨습니다. 두 분의 신앙적인 확신은 회사를 운영하는 도덕적인 원칙에 잘 나타나 있습니다. 두 분은 일요일에 대한 기독교의 원칙을 준수하여, 일요일에는 공장 문을 닫고, 트럭운송을 멈추며, 판매회의나 어떠한 기업활동도 하지 않았습니다. 두 사장님은 윤리와 도덕적인 원칙에 반영하는 것 이외에는 자신들의 신앙을 장려하는 회사방침을 세우거나, 대외적으로 선전하지도 않습니다. 이 분들은 어떤 종교를 가진 사람이건 사업자나 고용인으로 환영받을 수 있다는 사실을 알리려고 특별히 신경 쓰셨습니다."

이와 같은 신중한 해명서는 일반인들이 어느 정도로 암웨이를 보수주의 개신교와 연관 지어 생각하고 있는지를 반영한다. 회사는 분명히 특정 종교의 꼬리표를 달게 됨으로써 판매에 영향을 받거나, 기독교인이 아닌 사람이 사업자가 되는 것을 주저할까봐 염려하고 있는 것이다. 이 해명서는 기독교도가 아닌 사람들로 하여금 사회적으로나 종교적으로 폭이 넓은 이 회사에 들어올 수 있다는 사실 자체를 재확인한 셈이다.

미국과 캐나다에 있는 암웨이 사업자들의 다수가 기독교인이긴 하지만, 회사는 유대인, 불교 신자 할 것 없이 모든 종교의 사람들을 사업자로 흡수하고 있다. 미국의 인구분포가 그렇듯이 암웨이 사업자들도 비기독교인은 소수를 차지한다. 그러나 이들은 암웨이의 일부에 기독교직인 성향이 있다고 해서 특별히 불편한 점은 없다고 말한다.

13. 우리 동네에서 내가 아는 많은 사람들이 암웨이에 가입했다. 모든 사람이 암웨이에 가입한다면, 도대체 누가 남아서 물건을 사겠는가?

네트워크 마케팅 전문가들은 이런 질문을 "포화상태"에 대한 질문이라고 말한다. 모든 사람들이 암웨이에 들어가면 어떻게 되는가?

이것은 한 지역에 국한된 염려 같다. 수학을 잘하는 사람은 이렇게 계산해 볼 것이다. 백만 명의 사업자가 있는데 이 사업자들이 모두 매주 새로운 사업자를 모집한다면, 첫 주가 지났을 때 이 백만 명이 될 것이고, 두 주가 지났을 때는 사백만 명, 그 다음주에는 천육백만 명이 되고 그런 식으로 한 달이 지난다. 그리고 두 번째 달에도 그런 식으로 진행된다면 그 달 보름에는 육천 사백만 명이 된다. 그리고 한 주가 더 지나면 일억 이천 팔백만 명이 된다. 그렇게 되면 두 번째 달 말에는 미국과 캐나다에 있는 모든 성인들의 이름이 암웨이 명단에 올라가는 것이다.

그러나 그것은 너무 수학적인 이야기이다. 실제라는 것은 통계학자의 계산과는 다르다. 온 세상이 암웨이 사업자로 포화될 것이므로 네트워크 마케팅 회사에 들어가기엔 너무 늦었다고 생각하는 사람들이 있다면, 그 사람들은 인간의 성향을 모르고 있는 것이다.

모든 사람이 암웨이에 들어가면 암웨이 사업자들은 돈을 어떻게 벌까? 이것은 재미있는 질문이다. 그러나 이 질문은 1960년 초반에 활동했던 코미디언 데이브 가드너가 했던 질문과 같은 느낌을 준다.

"악마가 종교를 갖게 된다면 설교자들은 무엇을 할까?" 악마가 종교를 갖는 일이 일어난다면 세상 모든 사람들이 암웨이 사업자가 되는 현상도 일어날 수 있을 것이다. 미연방 공정거래위원회가 1975년에서 1978년 사이에 실시한 암웨이기업에 대한 분석에 따르면, 이 포화상태에 대한 질문이 특별히 많이 접수된 것으로 나타났다. 변호사들은 포화상태의 위험성이 새로운 사업자들로 하여금 회사에 들어갈 수 없게 한다고 판사에게 증언했다. 물론, 암웨이사 변호사들의 주장은 다른 것이었다. 이 질문에 대한 양쪽의 증거가 제시되었고, 판사는 포화상태의 문제는 실재하지 않는 문제라고 판결을 내렸다. 그의 판결문에는 다음과 같은 내용이 들어있다.

"해당 기간에 새 사업자를 모집하는 데 어려움이 없었다고 말한 증인들의 말은 믿을 만하다. 이 기록은 암웨이의 판매 및 마케팅 활동의 어떤 결점 때문에 암웨이 사업자들이 판매를 할 수 없었거나 새 사업자를 고용할 수 없었던 일은 없었음을 나타낸다."

판사의 판결문은 한 마케팅 분석가의 말을 인용했다. 그 분석가는 포화상태에 대한 불평은 개인적으로 사업자가 될 용기가 없거나, 노력을 해보지도 않은 사업자들에게서 나온다고 증언했다. 판사의 중요한 결론은, 빈틈없이 조사된 판결문의 거의 끝 부분에 나온다.

"특정지역의 사람들이 모두 암웨이의 사업자가 되는 일은 실제로 일어나기 어려운 일이다."

다시 말해서, 시장 포화의 위험성에 대한 가설은 현실적인 의미가 없는 것이다. 왜냐하면 암웨이가 지적한 바와 같이, 아무리 암웨이가 급성장을 하고 수십억 달러 규모의 수익을 올린다해도, 전체 시장의 극히 일부분을 차지할 뿐인 것이다. 아마 3% 미만을 점유할 것이다. 아이템부분에 있어서 450여가지 품목은 전체 아이템의 큰 범위를 차지한다. 그러나 신상품개발로 계속 확장해 나간다 해도 그렇게 갑자기 시장 점유율이 높아지기는 어렵다.

사업자 숫자가 기하급수적인 속도로 늘어날지 모른다는 두려움은 불필요한 걱정 같다. 실상은 대부분의 사업자들이 후원자가 되려는 시도조차 안하고 있기 때문이다. 더구나 암웨이 사업자 숫자의 성장속도는 인구증가율을 결코 따라잡을 수 없다.

　이 포화상태에 대한 질문이 왜 종이호랑이와 같은지는 로드니 케이 스미스 변호사의 '다단계 마케팅'에 잘 설명되어져 있다. 그가 말하는 이유들을 다음과 같이 요약해 놓았다.

① 인구는 계속 증가한다.
② 지리적으로 다른 지역 사람을 모집할 수 있는 기회는 특정 지역이 포화될 위험성을 감소시킨다. 오리건 주에 사는 사람은 암웨이 방식에 따라, 아칸소 주에 사는 친구의 후원자가 되어 함께 효과적으로 일할 수 있다. 결과적으로 같은 마을에 사는 여러 사업자들은 그들의 마을이 작아도 각각 수백 명의 사람들을 암웨이 사업에 끌어들일 수 있다.
③ 암웨이는 현재 80여개국 여러 지역에서 사업을 벌이고 있다. 각국의 사업자들은 암웨이 플랜의 절차에 따라 국제적인 후원자 활동을 할 수 있다. 이러한 특징으로, 가능성 있는 지역에서의 모집은 짧은 시간에 지구상의 많은 가정으로 확산될 수 있다.
④ 대개의 사업자들은 암웨이에 들어갈 기회를 처음에 거절한 사람들이 두번째에는 수락할 것으로 본다.
⑤ 암웨이에서 도중하차하는 비율은 가끔 부정적인 요소로 인용되는데, 도중하차하는 사람들 때문에 가능성 있는 많은 사업자들에게 기회가 주어지는 것이다. 그리고 다시 재가입하여 성공한 사업자의 예는 얼마든지 많이 있다.
⑥ 처음 암웨이에 참여한 많은 젊은이들은 기대와는 달리 고급

스러운 생활을 뒷받침할 만큼 충분한 수입을 얻을 수 없다고 생각할 수도 있다. 그러나 시간과 노력에 따라 충분한 수입을 얻을 수 있다는 것을 깨닫게 된다. 나이든 사람들에 비해 수완이 거의 없는 이들이 네트워크 마케팅에 매력을 느끼는 것은 이례적인 일이다.

⑦ 퇴직금이 충분치 못하다고 느끼는 중장년층에게 네트워크 마케팅은 좋은 기회이다. 스미스는 62세의 나이로 암웨이에 들어가 3년 미만의 경험으로 연간 10만달러 이상의 수입을 올리는 한 부부를 예로 들고 있다.

⑩ 사업자들은 암웨이 내에서의 지위와 관련된 불만이 줄어들게 되면 모집 비율이 높아지게 될 것으로 예상한다.

스미스가 말하는 이런 이유들로 인해서 포화상태의 문제는 암웨이의 성장에 위협이 되거나, 특정 사업자의 성공에 지장을 줄 염려는 전혀 없다.

14. 암웨이에 들어간 사람들의 3분의 1 정도가 같은 해에 다시 나오는 것으로 알고 있다. 그것은 사실인가? 만일 그렇다면 판매 인력 보유율 70%는 어떻게 된 것인가?

사실이다. 암웨이에 들어간 사람의 거의 3분의 1 정도가 1년이 지나기도 전에 나와서, 다음 해에 다시 사업자로 재등록히지 않는 경우가 있다.

거기에는 몇 가지 고려할 점이 있다.

첫째, 30%는 네트워크 마케팅 회사에서 그렇게 높은 감소율이 아니다.

그리고 대부분 회사의 보유율이 감소율보다 훨씬 낮다. '일하는 여성(Working Woman)'의 통계에 따르면 대부분 연간 이직율이 70%가까이 된다고 한다. 유사한 구조와 마케팅 방식을 가진 다른 회사들과 비교해 볼 때 암웨이의 이직율은 보통에 속한다.

두 번째, 재등록하는 비율이 낮은 데는 암웨이 사업자가 되는데 적은 비용이 드는 요인도 작용한다. 쉽게 들어올 수 있지만, 쉽게 나갈 수도 있다. 오늘 암웨이에 들어오기로 결정했던 사람들은 내일 마음이 변할 수도 있다. 왜냐하면 마음을 바꾼다고 해서 큰 손해를 보게 되는 것은 아니기 때문이다. 처음 들어올 때 드는 비용은 계속 남아있게 하기에는 너무 적은 투자인 것이다. 이런 이유 때문에 비용을 조금 올리자는 이야기도 나왔으나, 디보스와 밴 앤델은 꿈은 있으나 자본이 없는 사람들을 위해 입회비를 올리지 않기로 했다. 노력하는 사람들에게 기회를 부여하겠다는 생각이 이 회사의 전통을 이끌어왔다. 비록 그것이 사업자 숫자 감소율을 높인다 할지라도 이 방침은 쉽게 변하지 않을 것이다.

세 번째, 암웨이를 떠난 사람 중에서 회사에 대하여 적의를 품거나, 노력했다가 실패한 것에 대해서 후회하는 사람은 거의 없다. 그들이 회사를 떠나는 것은 화가 나서가 아니라, 그냥 떠나는 것이다. 암웨이 간부들은 이렇게 말한다. 자신들은 사업자 보유율에 대해 걱정하지 않는다. 암웨이를 들어왔다 나간 사람들 대부분이 회사와의 관계에 문제가 있어서 나간 것이 아니기 때문이라고 말한다. 떠나는 사람들에게 이 길을 계속 함께 가자고 강요할 권리는 누구에게도 없는 것이다.

 암웨이가 한 회사에 의뢰하여 조사한 바에 따르면 암웨이를 떠난 사람들은 대개가 원만한 관계에서 떠났음이 밝혀졌다. 암웨이를 떠난 이유는 대부분 회사에 만족하느냐 만족하지 못하느냐와는 무관한 것들이었다. 암웨이를 떠난 이유에 대해서 묻는 질문에 응답한 사람들은 대부분 언제고 다시 시작할 수 있기 때문에 그만뒀다고 막연하게 대답한다.

 항간에 떠도는, 팔리지도 않고 쓸 수도 없는 물건이 지하실에 쌓여서 화가 나서 그만뒀다는 이야기는 근거 없는 소문이다. 이 조사에 따르면, 이전에 암웨이 사업자였던 250명에게 현재 보관하고 있는 물건이 얼마나 있느냐고 질문한데 대하여, 백 달러 어치 이상을 가지고 있다고 대답한 사람은 한 사람도 없었다. 응답자의 80%가 20 달러미만의 물건을 가지고 있었다. 그들에게 현재 보관하고 있는 물건을 암웨이에 반품하고 싶으냐고 질문했다. 이 질문에 대해서 249명도 아닌 250명이 모두 반품하지 않겠다고 대답했다. 그들이 가지고 있는 물건들은 자신들이 개인적으로 쓰겠다고 대답했다.

 네 번째, 한번 떠난 사업자들은 다시 시원하지 못하는 경우가 많다. 재지원율은 새 지원자의 20%에 해당한다. 그러나 이 비율은 최근 들어서 증가하고 있다. 사업자로서는 어느 때든지 다시 지원할 수 있다는 점이 좋은 것 같다. 개인 문제와 가정환경, 전일 근무에 대한 만족도, 개인적인 필요성, 또한 야망은 시시 때때로 변한다. 현재 주어진 상황에서는 암웨이에서 성공할 수 없다고 생각한 사람도 나중에는 긍정적으로 생각할 수도 있다.

　다섯 번째, 암웨이는 자격요건을 따지지 않고 누구든지 사업자로 받아들인다. 카메라 테스트를 하거나, 사업에 대한 안정도를 조사하지 않는다. 그러나 분명히 이러한 점이 감소율을 증가시킨다. 대학의 입학허가를 담당하는 직원들이 하는 말이 있다. "열린 문은 회전문이 될 수 있다." 이 말은 암웨이의 전통적인 열린 정책에도 적용된다. 또한 이러한 개념 때문에 회사는 비판을 받아왔으나, 회사는 자격요건에 제한을 두지 않는 정책이, 아메리칸 드림에 없어서는 안 될, 열린 기회를 마련하는 것이라고 주장한다.

15. 이야기의 편의상 암웨이는 1994년에 사업자들에 대한 처우를 잘 해주고 있다고 가정하자. 그러나 그들의 기업이 너무 커지면 그러한 처우가 변하지 않을 것이라고 누가 장담하겠는가?
　암웨이의 방침이 바뀌지 않을 것이라는 것은 암웨이의 50년이 넘는 역사가 말해주고 있다. 50년 넘게 변화가 있었던 마케팅 방침은 사업자들에게 더 많은 이익과 보너스와 장려금을 주기 위한 것이었다. 사업자들에 대한 방침 중에 그들의 수입을 줄이기 위해 취해졌던 것은 단 한 가지도 없었다. 디보스와 밴 앤델은 사업자들이 자원하여 들어왔다는 사실을 말하기 좋아한다. 만일 회사가 그들에게 부당한 대접을 한다면 그들은 회사를 떠날 것이다.
　앞으로도 사업자에 대한 처우가 나빠지지 않는다고 말할 수 있는 또 하나의 이유는 암웨이 사업자 협의회가 있기 때문이다. 이 협의회의 구성원은 경영자 2명과 9명의 사업자들이다. 9명의 사업자 대표는 매년 사업자 회의에서 선출된다.

이 협의회는 정기적으로 만나 회사 활동에 대한 예비심사와 재심사를 하여 필요한 부분은 수정해 나간다. 이러한 협의회 활동으로 암웨이가 발전해 나가는 것은 물론이다. 이 협의회가 회사방침에 대한 결정권이 없다고 할지라도, 사업자들의 의사와 조언이 회사 경영인에게 직접 반영될 수 있는 좋은 기회가 된다.

회사와 사업자 사이의 상호의존적인 특별한 관계로 인하여, 회사는 암웨이 사업자 협의회의 동의없이, 독단적으로 사업자에게 부정적인 영향을 미칠 수 있는 마케팅 방식을 행하기는 매우 어렵다.

16. 디보스와 밴 앤델이 미국에서 가장 재산이 많은 사람들에 속한다고 읽은 적이 있는데, 그들의 재산은 어느 정도 되는가?

디보스와 밴 앤델의 재산이 얼마인지 누가 알겠는가? 본인들 외에는 모를 것이다. 한 가지 분명한 것은, 당사자들이 알아도 말하지 않을 것이라는 거다. 자신들이 재산이 얼마인지 모른다고 거침없이 말하는 것이 부자들의 특징이지만 정말로 자신들이 가지고 있는 재산의 액수를 정확히 모를 수 있다. 이 두 사람은 어디서든지 이 질문을 받았고, 또한 변함없이 말하고 싶어하지 않는 질문 중의 하나이다.

그러나, 프라이버시에 관한 문제임에도 불구하고 언론이 그들의 재산을 추측하는 것을 포기하지 않았다. 두 사람은 잡지 '포브스'에 매년 실리는 미국 재벌 사백 명의 명단에 항상 오른다. 최근에는 중하위 정도에 속한다. 포브스는 개인 재산 일억 오천만 달러 이상인 사람들의 명단을 발표하고 있다. 잡지 '포춘'지는 삼억에서 오억 달러 재산가에 속하는 사람들을 발표하면서 그들의 이름을 실은 적이 있다. 밴 앤델과 디보스는 두 잡지에 대해서, 그들의 추측이 맞는지 어떤지에 대해 말하지 않는다. 그들은 남들에게 알릴 필요성을 못 느끼기 때문이다.(85년도 산정기준)

17. 경험을 쌓기 원하는 어떤 사람의 경우, 암웨이와 비슷한 신설회사에 더 유리한 입장으로 들어갈 수는 없는가?
그 회사에 투자하여 사업 발기인과 동일한 자격으로 "유리한 이익 배당"을 받게 되면 많은 돈을 벌 수 있지 않은가?
현혹되기 쉬운 제안이다. 큰돈을 벌기 위해 돈을 투자해서 발기인과 함께 이익배당을 받는 사업은, 그만큼 큰돈을 투자해야 하고 위험도 감수해야 한다. 그리고 암웨이처럼 성공하려면, 50년 이상 네트워크마케팅 세일즈를 해본 연륜과 노련함이 있어야 한다. 오직 열정만 가지고 시작되는 사업은 더 이상 설 곳이 없다.
위의 질문은 논리상 문제점이 있다. 위의 질문에서 말하는 네트워크마케팅 사업은 사람들을 모집한 사업자나 새로 들어온 사업자나 똑 같은 혜택을 받는다는 이야기인데, 만약 네트워크

마케팅 사업이 잘되게 하기 위해서 사람들을 회사에 투자하게 하여 이들에게 "유리한 이익배당"을 할 경우, 그 사업은 결국 실패한다. 왜냐하면 그 회사에 들어온 사업자가 2년 아니면 5년 또는 10년을 길에서 보낸 것에 대한 장려금이 없기 때문이다. 사업에 투자한 사람에게만 "유리한 이익배당"을 하는 회사에 몸담고 있는 사람들은 사업자 모집하는 일을 중단하게 될 테고, 모집하는 일을 중단하게 되면 그 회사의 모든 활동과 성장은 정지하게 되는 것이다.

암웨이의 이익배당 공식, 보너스와 커미션 지급 방침은 그 사업에 참여하는 사람 모두에게 똑같이 적용된다. 그리고 앞으로도 계속 그럴 것이다. 말하자면, 모든 사람들이 가장 "유리한 이익배당"을 받게 되는 것이다. 그리고 바로 그 점이 회사가 오랫동안 살아남게 하는 비결이다.

네트워크마케팅을 이해하지 못하는 사람들은 다음과 같은 오해를 갖게 된다. A이라는 사람이 일정한 이익의 몫을 갖는다. 그리고 A는 B를 사업자로 데려온다. B는 A보다 적은 액수를 받는다. 그리고 B는 C을 채용한다. C는 B보다 훨씬 적은 보수를 받는다. 그리고 C는 D의 후원자가 되고, D의 활동에 대한 보수는 C보다 더 적다.

사람들은 이런 식으로 오해한다. 사람들은 D의 활동에 대한 보수를 그의 위에 있는 사람들, C나 B, A가 조금씩 나눠갖는 것으로 생각한다. 이것은 암웨이의 어떤 사람이 다른 사람이 일한 대가의 일부를 깎아 먹는 것으로 생각하고 있다는 것이다. 만일 그것이 사실이라면, "유리한 이익배당"을 제의하는 신설

회사에 투자하는 방법도 이치에 맞게 된다. 하지만 그것은 암웨이 방식이 아니며, 다른 건전한 구조를 갖고 있는 네트워크마케팅 회사들 역시 마찬가지다.

암웨이는 후원자에 대한 보너스를 모집된 사업자의 이윤에서 떼어서 주는 것이 아니라, 회사의 이윤에서 나눠주는 것이다. 모든 사업자들은 회사의 꿀단지에서 모두 똑같은 비율로 이윤을 퍼내는 것이다.

18. 암웨이의 사업자로 들어간 사람들 대부분이 정규 직장을 떠나온 사람들인가?

대부분이 아니라 일부가 그렇다. 암웨이 일을 시작하는 사람들은 처음에는 파트 타임으로 시작해서 점점 풀 타임으로 옮겨간다. 암웨이 리더들은 신입 사업자들에게 좀더 안정되기까지 현재에 가지고 있는 직업에서 떠나지 말라고 권하고 있다. 그리고 극히 일부가 이 충고를 무시한다.

이 일은 다른 일이나 전문직에 종사하면서도 해나갈 수 있다. 그리고 처음 몇 달만에 정규 직장이나 다른 직업에서 받는 월급만큼의 수입을 얻기는 어렵다. 암웨이는 공돈을 벌려는 사람들을 위해서 일하는 것이 아니다.

어떤 사업자들은 많은 사람들을 모집할 욕심에 처음부터 큰돈을 벌 수 있는 부수입이라고 선전하는데, 암웨이는 그런 구조로 되어 있지 않다. 그와는 반대로 사업자가 회사에 오래 남아있을수록 일은 점차 늘어나고, 일과 함께 수입이 늘어난다.

시작하자마자 풀 타임으로 일하도록 되어 있지는 않지만, 많은 사람들이 시간이 지나면 풀 타임으로 일하게 된다. 많은 사람들이 암웨이에 들어오는 이유는 자신의 일에 대한 불만 때문이었다고 말한다. 자신의 일에 만족하지 못하는 직업인들이 분명 수백만 명은 될 것이다. 이유야 어떻든 간에, 그들은 암웨이에서 일해서 수입을 얻을 수 있는 기회를 보고 암웨이에서 풀 타임으로 일하려고 오는 것이다.

얼마나 되는 사람들이 풀 타임으로 일하는지에 대한 통계를 갖고 있지는 않지만, 그 수는 상당히 많다. 회사는 개인의 상황에 맞게 파트 타임이든지 풀 타임이든지 선택할 수 있다는 사실을 강조한다. 어쨌든, 대다수의 사업자들이 풀 타임으로 일하고 있다.

19. 왜 암웨이 사업자들은 자신이 무엇을 판매하고 있는지 알리기를 꺼려하는가? 내게는 사업을 같이하자는 친구가 있었는데, 그는 무슨 일을 하는 건지 말하지 않으려 했다. 나중에 알고 보니 그 일은 암웨이 일이었다. 왜 그것이 일급비밀처럼 되었는가?

훌륭한 세일즈맨들이 대부분 그렇듯이, 암웨이 사업자도 가장 매력적인 제안을 해야 한다고 생각한다. 그들은 암웨이 사업자가 되라고 말하면 사람들이 다른 데서도 많이 들은 제의라고 생각할지도 모른다고 예상한다.

사람들을 모집하려는 사업자의 설득능력에는 그 사람이 암웨이에 대해서 어떻게 생각할 것인가에 대하여 미리 생각해보는 능력도 포함된다. 암웨이는 사람들이 많이 들어본 적이 있는 사업중의 하나다. 한 조사에 따르면 미국인 85%가 이런 류의 제의를 들어보았다고 한다. 그러나 이런 사업에 대해서 잘 이해하고 있는 사람은 별로 없다. 암웨이 사업자들은 사람들이 어디선가 들은 단편적인 지식이나 잘못된 정보로 인해 그들의 설명이 방해받는 것을 원하지 않는다.

새로운 파트너를 찾는 암웨이 사람들은 처음부터 암웨이 이름을 말하면 틀림없이 설명을 하기도 전에 방해를 받을 것이라고 생각한다. 그래서 그들은 암웨이 이름을 말하지 않고 사업에 대해서 이야기를 시작하면 사람들의 마음을 열기가 쉬울 것이라고 예상한다.

그래서 위의 질문대로 시나리오가 진행되는 것이다. "부수입을 얻을 수 있는 방법을 알려드리고 싶은데요." 그러면 사람들은 "회사 이름이 뭔데요?" 한다. 예상했던 질문이다. "우선 이 일에 대해서 설명하는 것이 어떻겠어요?" 그리고는 상대방이 어디선가 들은 암웨이에 대한 성급한 결론에 이르게 하는 일 없이, 사업자는 다음 단계인 "개별 교육"으로 넘어간다.

대상자의 마음이 열리기까지 암웨이 방법에 대한 설명을 끝까지 하는 것이 일반적인 방법이다. 암웨이 사람들은 이것을 "호기심을 일으키는 접근 방법"이라고 부른다. 그렇게 부르는 것은 어떻게 일을 하는 건지 설명하여 상대편의 호기심을 일으킴으로써 거절의 가능성을 낮추는 것이기 때문이다.

암웨이 회사의 사업자 간부들은 호기심을 자극하기 위해 거짓으로 사람들을 유혹하지 않도록 사업자들에게 주의를 주고 있다. 다른 네트워크마케팅 회사들처럼 암웨이에서도 많지는 않지만 그런 일이 가끔 있다.

그러나 이 시나리오대로 호기심 때문에 조바심치는 사람들은 거의 없다. "이것 봐, 금요일 밤에 볼링이나 치러 가자고." 이런 식으로 나온다. "그래, 좋아." 사업자는 뭔가 가능성이 있을지도 모른다고 생각하며 대답한다. 그러나 두 친구는 금요일 밤에 캐주얼한 복장을 하고 볼링 볼을 가지고 만난다. 그 때 사업자는 친구를 볼링장으로 데리고 가지 않고 근처에 있는 모텔 회의실로 데리고 간다. 그러자 그 친구가 물었다.

"볼링을 하러 가는 줄 알았는데?" 이때 사업자는 말한다.

"농담이었어, 자, 이봐. 여기에는 볼링 레인도 없잖아? 자네가 원하든 원하지 않든 내가 새 사업에 대해서 이야기하는 것 좀 들어보라고."

말할 필요도 없이, 암웨이 리더들은 이런 식의 접근에 대해서 좋게 생각하지 않는다. 그리고 이런 일은 잘 일어나지 않는다. 그러나 이런 일이 행해져 온 것은 부인할 수 없다.

왜 암웨이와 같은 회사가 성공하면 성공할수록 사업자가 될 가능성이 있는 사람에게 접근하기 위해서 위장술을 사용할 필요가 있을까? 그것은 일반 사람들이 회사에 대하여 잘못 이해하고 있기 때문이다. 그래서 그들은 설명을 전부 듣고 나면, 자신들이 얼마나 잘못된 이야기들을 듣고 있었는가에 실제로 놀라게 된다.

"사람들이 암웨이에 대해 실제로 아는 것 같지 않아요. 알려고 듣지도 않고요. 하지만, 저는 사람들이 어디에선가 잘못된 이야기를 듣고는 말도 안 되는 생각을 가지고 거절하는 것은 참을 수가 없어요."

　일반인들이 암웨이에 대하여 크게 잘못된 정보를 가지고 있다는 것은 사실이다. 여러 가지 이유로 암웨이는 특히 이런 문제에 민감하다. 그 이유중의 하나는 암웨이와 유사한 이름 때문이거나, 또는 네트워크마케팅이라는 것이 사람들에게 생소해서 잘 이해가 안될 수도 있다. 아니면, 왜 사람들이 암웨이에 대해서 그렇게 왜곡된 소문을 듣게 되었는지 이유를 모르는 많은 암웨이 사업자들이 갖가지 방법으로 사람들에게 접근하기 때문일 것이다. 그러나 이 야망에 찬 사업자들이 실제로 겪는 문제는, 자신보다 암웨이에 대하여 더 잘 안다고 생각하는 사람들이 너무 많다는 것이다.

　사업자들은 이러한 인식을 유머 감각으로 대처한다. 그들에게는 스스로를 암웨이 전문가로 자처하는 사람들이 어떤 식으로 그들의 무식함을 드러내는가에 대한 많은 이야기들을 가지고 있다.

　덴버에 사는 주식중개인은 그의 암웨이 사업자 고객에게 자신은 뉴욕 증권거래소에서 암웨이 증권을 담당했었다고 말했다고 한다.(암웨이는 증권거래를 하지 않는다.)

　또는 한 신규 사업자가 암웨이 회의실에서 둘러앉은 사람들에게 이렇게 말했다고 한다. 자신에게는 미네소타 대학을 나온 대학 동창이 있는데 그가 드디어 암웨이의 사장이 되었다고.(디 보스가 이 이야기를 들으면 깜짝 놀랄 것이다.) 또는 댈러스의 한 택시 운전사가 손님에게 애덜퍼스 호텔이 암웨이 소유라고 말했다고 한다.(물론 사실이 아니다.)

이런 이야기도 있다. 피츠버그의 한 신문사 편집장은 자신의 문제 많은 친구 한 명이 2차 대전 때 암웨이 판매를 했었다는 기사를 썼다고 한다. (암웨이가 건립된 것은 1959년이다.) 이런 이야기는 수없이 많다.

이러한 무성한 이야기를 해주면 사람들은 사업자의 모든 설명을 듣는데 동의하게 된다. 이것이 "호기심을 일으키는 접근"의 기본이다. 그리고 이런 이야기를 적당히 이용한 사업자는 이런 보고를 하게 된다. 그의 사업자 후보가 거절하지 않았다고….

20. 암웨이가 탈세를 해서 IRS(재무성 세국)와도 문제가 있다는 이야기를 들었다. 사실인가?

암웨이 사업자 시스템은 탈세를 위해서 만든 것이 아니다. 이 시스템은 사업을 위해서, 그것도 가능성이 큰 사업, 사업자들을 통해서 큰 이윤을 창출할 수 있는 사업을 위해 도입된 것이다. 탈세를 하려면 큰 이익을 실현했다고 발표하기 보다는 큰 손해를 보았음을 지면상으로라도 강조해야 한다. 손실은 암웨이가 강조하는 바가 아니다.

암웨이와 같은 기업은 일정한 비용을 세금으로 내고 있다. 그리고 이러한 기업들은 소득세의 일부를 합법적으로 공제 받을 수 있다. 암웨이에서 성공한 사업자들도 대개가 영리한 사람들이라, 어떻게 해서든지 세금을 부과하려는 세무국(IRS)의 규정을 합법적으로 피해 가는 방법을 찾는다.

어떻게 해서든지 합법적인 방법으로 조세법의 틈을 삐져나

가려 하지 않는 미국인은 없을 것이다. 안됐지만 월급을 받는 일반 직장인들의 경우는 일부 규정된 공제 이외는 세금공제 혜택을 받기가 힘들다. 그러나 개인 사업을 하는 경영주는 폭넓은 세금공제 혜택을 받을 수가 있다. 암웨이 사업자들 역시 개인 사업자에 속한다.

예를 들어 배관공의 경우를 생각해보자. 그는 매주 소득세를 내야하는 대신 공제혜택이 있는 영업소득세는 내지 않는다. 그리고 지불기한이 되면 그는 공제 받을 수 있는 방법이 전혀 없다. 그러나 이 배관공이 암웨이에 들어간다면, 그는 전혀 다른 세법의 적용을 받게 된다. 그는 영업소득세를 내야하지만, IRS 법규가 지적노동 사업자에게 주는 세제 혜택을 받을 수 있다.

그같은 절세전략은 암웨이를 탈세를 위한 기업으로 이용하게 하는 것이 아니라 배관공에게 절세를 할 수 있는 유리한 기회를 주는 것이다.

세무국은 암웨이 기업이나 특정 암웨이 사업자가 세제 혜택을 받는 것에 대해서 아무 불만도 없다. 암웨이가 "세무국과 문제"가 있다는 소문은 1982년 초에 미국 하원의 세입 재원 위원회 산하 분과위원회에 의해 행해진 일련의 심의 과정 때문에 생긴 것 같다. 이 심의는 다양한 네트워크마케팅 회사의 사업자들이 세법을 남용하고 있는 것에 대하여 조사한 것이었고, 이 기사가 월 스트리트 저널과 지방신문에 보도되었다.

이 심의로 암웨이와 분명히 관련된 몇 사람이 성실한 노력으로 암웨이 사업을 하지 않고, 다른 경로를 통해서 얻은 수입을 암웨이의 이름으로 허위 신고하였음이 드러났다. 저널 지에 따르면, 한 납세자는 암웨이 사업으로 얻은 수입이 718 달러였으나, 자신의 집에서 손님 접대를 한 비용과 자동차 비용 7,500 달러의 손해를 보지 않으려고, 11,391 달러를 신고하여 이에 대한 세금 공제를 주장했다. 또 다른 납세자는 암웨이 사업을 통해서는 3,600 달러의 수입을 얻었으나, 자신의 정규업을 통해서 얻은 소득 52,000 달러도 암웨이를 통해서 벌어들인 것처럼 허위 신고하여 14,000 달러 이상의 공제를 받았다.

이상의 경우는 세금을 피하기 위하여 암웨이 사업자 활동으로부터 벌어들이지도 않은 수입에 암웨이 이름을 사용한 것이다. 그것도 손해를 볼 것으로가 아니라, 돈을 더 벌어들인 것으로 말이다. 허위 신고의 내용도 다양하다. 한 납세 신고자는 자신이 애완견이 암웨이 물건을 안전하게 지키는 역할을 했다니, 1년치의 애완견 식품비를 세금공제액에 포함시켰다.

암웨이가 이러한 지나친 세금 공제로 여론화되는 것을 불쾌하게 여기는 것은 당연하다. 그래서 암웨이는 사업자제도가 탈세를 하라고 만들어진 것이 아님을 분명히 했다.

밴 앤델은 세입 재원 분과 위원회에서 그 사실을 증언했고, IRS 재무장관 로스코 이거를 만나 이 문제에 대한 대책을 논의하였다.

이 문제가 여론화되자, 일반사람들은 이러한 특혜를 주는 세법과 세무국에 대하여 분통을 터뜨렸다. 그러나 이 세법의 허점을 이용했던 사람들에게는 새삼스러운 일이 아니었다. 이들은 더욱 뻔뻔스럽고 교묘하게 지금도 탈세를 하고 있다. 허점을 이용하는 게임이 법칙을 따라 진행되기만 한다면 불법은 아니다.

그리고 개인 사업의 합법적인 영업소득세 공제도 법대로만 한다면 나쁠 것은 없다.

따라서 암웨이는 탈세하는 기업이 아니며, 이 회사에 소속된 대다수의 사람들은 정직하게 세금을 낸다. 그들은 법을 이해하는 대로 그 법을 따랐다. 아마 세무국도 이 점에 대해서는 이의가 없을 것이다.

21. 암웨이(Amway)는 "아메리칸 웨이(American Way)"에서 따온 말인가?

그렇지 않다. 그렇게 믿는 사람들이 많지만, 암웨이 변호사들의 주장에 따르면 단순하게 만들어진 회사명일 뿐이다. 사실, 이 말은 "아메리칸 웨이 - 미국적인 방식"이라는 의미로 받아들여져 왔고, 최소한 무의식 중에라도 창립자와 판매자들이 애국심에 의해서 이름을 그렇게 지은 것으로 생각해왔다. 그런데 굳이 회사측에서 부인하는데는 다 이유가 있다. 그것은 국제시장의 진출을 염두에 두고 있었기 때문이다. "일본의 아메리칸 웨이(미국적 방식)"라는 말은 얼마나 부자연스러운가. 뿐만 아니라, 암웨이의 가치를 드러내기도 어렵다. 그런 이유에서 세상 사람들은 다르게 생각한다해도 이 회사는 "암웨이"가 단순한 기업 이름이라고 고집 하는 것이다.

22. 세상에는 가난하고 굶주린 사람들이 많은데, 요트나 다이아몬드를 자랑하는 사람들이 있다. 암웨이가 물질주의를 부추기는 것은 아닌가?

암웨이는 영리를 목적으로 하는 기업이며, 돈을 벌지 않고는 살아남을 수 없다. 우리는 사람들이 암웨이 사업자가 되고 나서 친구가 많아졌다든지, 자부심을 갖게 되었다든지 하는 여러 가지 긍정적인 효과에 대해서 말하는 것을 자주 들었을 것이다. 그러나 그것은 어디까지나 파생효과이다. 암웨이에 중요한 것은 첫째도 기업이고 둘째도 기업이다.
  그 첫째 목적은 정치도 아니며, 종교도 아니고, 이타주의도 아니다. 이들의 첫째 목적은 사람들이 돈을 벌게 하면서도 그들이 필요한 물건을 저렴하게 살 수 있게 해주는 것이다.
  암웨이는 영리를 목적으로 하는 기업이지만, 거기에 머물지 않고 더 나아가 사업자들로 하여금 더 나은 삶을 살도록 격려한다. 만일 좁은 집에 사는 사람이 있다면, 그는 좀더 큰 집에서 살고 싶을 것이다. 그러면 암웨이는 그 소망을 인정하고 그 소망을 목표로 세운 다음, 그 목표를 위해서 일하라고 말한다. 만일 이미 큰 집이 있는 사람은 보트를 원하거나, 아니면 호숫가에 있는 여름 별장을 원할지도 모른다. 암웨이의 자세는 값비싼 물질을 원한다면 그 소망을 받아들이고, 그것을 원하는 만큼 열심히 일해서 정직한 방법으로 획득하라고 한다.
  더 많이 원하는 것, 더 많은 돈과 더 많은 위안, 더 많은 물질을 원하는 것, 그리고 그러한 갈망을 솔직하게 표현하는 것이 암웨이에서 권하는 태도이다. 말하자면 열심히 일해서 갖는다면, 다른 사람에게서 빼앗는 것도 아닌데, 더 원하는 것이 무엇이 나쁘냐는 것이다.
  사람들로 하여금 "더" 원하도록 부추기는 것 때문에 암웨이는 물질주의를 조장한다는 비판을 듣는다. 그러나 사람들이 "더" 원하게 된 덕분에 원하던 바를 얻게 된다. 사실 이것은 멋진 이야기이다. 또한 사업자가 잘 성장해서 "다이아몬드 상"을 받거나 "크라운 상"을 받게 되면, 그는 거의 사치스러운 생활을 할 수 있을 정도의 수입을 얻을 수 있다. 이쯤 되면 비판의 소리가 생겨난다. 시보레가 캐딜락으로 바뀌고, 토끼털 코트가 밍크 코트로, 피서지가 국내 해변에서 유럽으로 바뀌게 되면, 암웨이를 비판하기 좋아하는 사람들은 그렇게 좋은 것을 갖는 것이 얼마나 나쁜 일인지 주장하고 나선다.

　미국인들에게는 돈을 숭상하면서도 혐오하는 경향이 있다. 누군가 진취적이고 열심히 일한 것에 대해서는 찬사를 보내면서도, 그가 진취적으로 열심히 일해서 부를 쌓았을 때는 불편한 감정을 갖는다. 그리고 갑자기 그 부를 갖게 된 사람이 갖지 못한 사람 모두를 배신이나 한 것처럼 느끼게 된다.

　최근 라이프 잡지의 사회 비평란에서 로던 웨인라이트는 돈에 대한 이런 이중심리를 인정하고 있다. 그는 다음과 같이 서술하고 있다.

　"돈이란 것은 내게 이런 감정을 일으킨다. 죄의식(돈이란 그만한 가치가 없는데도 중요하니까), 두려움(잃을지도 모르니까), 그리고 경멸(나는 가질 수 없으니까), 그리고 부러움(나는 더 갖기를 원하므로)과 부끄러움(더 갖기를 원하는 나 자신을 아니까)을 일으킨다. 간단히 말해서 나는 로스 페로처럼 돈을 객관적으로 볼 수가 없다. 다만 다른 사람들처럼 오점을 남기지 않으려고, 나 스스로 허욕에 빠지지 않도록 경계한다. 그리고 내 안의 부와 권력에 아첨하려는 근성을 경멸한다. 왜냐하면 나는 언제든지 그 아첨하려는 근성에 기꺼이 굴복할 가능성이 많다는 것을 알기 때문에. 나는 잘되는 건 아니지만 로스 페로의 시각을 통해 돈을 바로 보려고 노력한다."

암웨이는 부를 사회에 환원하는 역할을 훌륭하게 해내고 있다. 교회와 병원, 학교, 예술계를 후원하기도 하고 부활절 자선 기금모금 운동을 벌이기도 한다. 사업자들 역시 다양한 경로를 이용하여 많은 희사금을 내놓기도 한다. 그러나 암웨이 사람들은 부자라는 것이 사과의 대상이 아님을 자주 설명해야 한다.

리치 디보스는 다음과 같이 말했다.

"일부 사람들은 부자들이 조금 덜 갖는다면 가난한 사람들이 더 갖게 될 것이라고 믿는 것 같습니다. 그러나 그렇지 않습니다. 물질적으로 부유한 사람이 덜 갖게 되면 가난한 사람들도 덜 갖게 됩니다. 화물 열차 맨 뒤에 있는 승객차량이 기관차를 따라 잡으려면, 열차를 멈춰서는 따라잡을 수가 없습니다."

또한 사람들은 성급하게 암웨이에 "물질주의"에 대한 책임을 추궁하기 전에 한가지 더 생각해 보아야 할 점이 있다. 많은 사람들이 요드와 다이아몬드 빈지에 대해서 듣는다고 하는데, 서의 모든 암웨이의 보너스가 그렇게 특별한 방법으로 지급되지는 않는다. 그런 상품을 받는 사람은 일부에 국한된다. 대부분의 사업자들이 받는 보너스란 아이들의 신발을 사준다든지, 월말에 밀려드는 영수증을 해결하는데 사용되거나, 어느 날 밤 교외로 외출하는데 쓰이는 정도의 비용이다.

사람들은 암웨이에 와서 부자가 된다. 그러나 그 의미는 그들이 부자가 되었다는 의미이기보다는 전보다 안정된 기반에서 살 수 있게 되었다는 것을 의미한다.

23. 퇴직 후에도 암웨이 사업을 통해서 수입을 계속 얻을 수 있다는 것이 사실인가?

　그렇다. 아마 "퇴직후의 수입"이 암웨이와 같은 사업의 가장 큰 매력일 것이다. 암웨이 사업의 기반을 잘 닦아놓으면, 힘들어서 일을 그만 둔 후에도, 마치 돈 만드는 기계에서 돈이 계속 나오는 것처럼 계속해서 수입은 들어온다.

　해변에 배를 깔고 엎드려 놀아도 통장에 로열티가 쌓이는 것은 생각만 해도 군침 도는 상상이다. 그러나 "암웨이 사업의 기반을 잘 닦아놓으면"이라는 조건이 중요하다. 이 전제조건이 필수조건인데 일반 사람들이나, 암웨이 사람들이나 모두 이 전제조건을 무시한다. 이것도 쉽게 이루어지리라고 믿는 사람은 마치 동화를 믿는 것과 같다.

　그런 일이 가능하다는 것은 사실 보통 일이 아니다. 그러나 암웨이의 구조에서는 가능한 일이다. 암웨이의 다양한 보수지급 방법은 책을 쓴 저자나, 음반을 낸 예술가, 또는 영화제작자가 로열티를 받는 체계와 비슷하다. 작가를 예로 든다면, 어떤 작가가 책 한 권을 완성하면 즉시 원고료를 받을 수 있다. 그리고 책이 몇 년 후까지도 계속해서 팔린다면, 출판업자는 계속해서 그 책을 통해서 이윤을 얻을 것이며, 그 이윤의 일부를 저자에게 지급한다. 그리고 더 오랜 후까지도 그 원작이 팔리는 한 이윤의 일부가 계속해서 저자에게 지불된다.

베스트셀러, 음반, 영화 등이 이와 같은 체계다. 처음 제작을 한 사람은 시간이 흘러도 그에 대한 이윤의 얼마를 지속적으로 받을 권리가 있다. 암웨이도 모든 사업자들에게 이와 같은 법칙으로 후원금을 지급한다. 만일 어떤 사람이 암웨이 사업을 시작해서, 그 사업을 통해 소득이 계속적으로 회사에 들어온다면, 그 사람은 일정한 기준에 따라 그 소득의 일부를 받을 수 있다. 바로 이것이 거의 믿기 어려운 신화들을 창출해낸 암웨이 방식의 특징이다.

24. 암웨이에서 일하려면, 반드시 다른 사업자를 위해서 일하는 것부터 시작해야 하는가?

반드시 그렇지는 않다. 암웨이의 사업자가 되는 유일한 방법은 다른 사업자의 모집을 통해서이다. 이 원칙에는 예외가 없다. 만일 어떤 사람이 암웨이 본사에 전화를 걸어서 사업자가 되고 싶다고 말하면, 그 사람은 그 지역 사업자 명단에 이름이 올라갈 수 있다. 그리고 그 지역 사업자 중의 한 사람을 찾아가야 한다. 회사는 그 사람을 사업자로 직접 고용하지 않으며, 반드시 다른 사업자를 통해서만 고용한다.

그러나 이렇게 가입된 사업자는 다른 사업자를 위해서 일하는 것은 아니다. 후원자는 사업자로 지원한 사람에게 물품을 공급할 것과 판매 요령을 가르쳐주기로 약속한다. 그러나 그것은 상사나 고용인의 개념이 아니다. 암웨이의 방식은 새로 모집한 사업자가 성공적으로 일할 때, 회사는 그 후원자에게 재정적인 관심을 보이게 된다. 또 후원자는 신참 사업자가 성공할 수 있도록 모든 지원을 아끼지 않게 되며, 신규 사업자가 새로운 계약을 체결하지 못하는 경우가 없도록 돕고 있다.

그것은 후원자에게 지급되는 보너스가 새 사업자를 모집한 것에 대해서 지급하는 것이 아니라, 신입 사업자의 실적에 따라서 주어지기 때문이다.

암웨이 사업자들과 후원자가 맺는 관계는 다양하며 천차만별이다. 어떤 경우에는, 새 사업자가 들어온 후에 후원자를 다시 만나지 않고, 독립적으로 크게 사업을 벌여 가는 경우도 있다. 또 어떤 경우에는 사업자와 후원자가 좋은 친구가 되어서 오랫동안 파트너로서 함께 일해나가기도 한다. 회사는 그들의 관계에 전혀 관여하지 않는다.

25. 새로운 사업자가 소득을 얻으려면 어느 정도의 보증금을 내야하는가?

보증금은 전혀 없다. 암웨이는 실적에 따라 보수를 지급하는 원칙을 정확하게 지킨다. 그 이상도 그 이하도 아니다. 이 의미는 사업자가 되고서도 실적이 없으면 한 푼도 받지 못한다는 이야기이다. 그러나 암웨이에는 돈을 벌 수 있는 방법이 여러가지 있으며, 그 중의 일부는 상당히 쉽다. 후원자가 가르쳐주는 대로 기본적인 사업방법만 따라 해도 단시간 내에 소정의 수입은 올릴 수 있다. 그리고 그 단계가 높아질수록 수입은 올라간다. 그러나 처음 시작하는 사업자에게서 보증금을 받는 일은 전혀 없다.

26. 새 사업자가 다른 사람을 모집하는 데는 어느 정도의 기간이 필요한가?

사업자가 되자마자 즉시 다른 사람을 모집할 수 있다. 새 사람을 모집하려면 일정기한을 기다려야 하는 원칙은 없다. 이러한 방침에 대해서 회사는 사업을 시작하는 사람들이 맨 처음부터 친구들을 사업에 가입시키면, 경험을 함께 나누면서 일할 수 있는 장점이 있기 때문이라고 말한다. 그러니까 사람들은 사업자가 된 바로 다음날이라도 다른 사람을 사업에 가입시킬 수 있는 것이다.

그러나 그 말은 새 사업자가 업라인을 "위해서" 일한다는 의미는 아니다. 암웨이에서는 누구도 다른 사람을 "위해서" 일하지 않기 때문이다. 결론은 자신을 위해 일하는 것이다.

27. 나는 항상 암웨이를 방문판매하는 회사로 생각해 왔다. 그런데 암웨이에 다니는 내 친구는 방문판매가 아니라고 말한다. 방문판매가 아닌가?

암웨이는 "방문판매"라는 말을 좋아하지 않는다. 왜냐하면 이 말에는 뭔가 불쾌감을 주는 느낌이 들어있기 때문이다. 그래서 그들은 암웨이 사업자에게 이 말은 적당한 표현이 아니라고 주장한다.

암웨이는 "네트워크마케팅" 회사다. 이 말은 제품을 가게나 소매점에 유통시키지 않고 사업자에 의해서 판다는 의미이다. 암웨이 사업자들이 용기가 없어 낯선 사람들에게 물건을 팔러 다니지 못한다는 것은 아니다. 다만 이들은 이미 알고 있는 사람들, 친구나 친지를 고객으로 삼는 "일대 일" 판매 방식을 추구한다.

　암웨이의 초창기에는 방문판매를 한 사업자들도 있었다. 그러나 요즈음의 판매 방식은 보다 전문적이고 효과적인 "일대 일" 접근 방법을 사용한다. 일반사람들은 이러한 변화를 느끼지 못하고 있어서, 아직도 암웨이를 방문판매 회사로 알고 있는 경우가 많다. 오래된 이미지는 지워지기가 어려운 모양이다.

28. 어떻게 일주일의 여가에 3~4시간 동안 일해서 일년에 5만 달러를 벌 수 있는가? 아무래도 이해가 가지 않는다.

　그것은 사실이 아니다. 만일 그렇게 되려면, 마스크와 총만 있으면 된다. 일주일에 3~4시간 일해서 일년에 5만 달러를 번다는 것은 말도 안되는 이야기이다. 암웨이 사람이든지 다른 사업을 하는 사람이든지 그와 같은 제안을 하는 사람이 있다면, 그는 필요하다면 당신에게 플로리다의 땅까지 주겠다고 할 사람이다.

　일년에 5만 달러를 벌 수 없다는 이야기가 아니다. 많은 암웨이 사업자들은 그 이상을 번다. 그러나 그들은 예외없이 많은 시간과 노력을 투자한 사람들이다.

　또한 일주일에 3~4시간 또는 그 이하로 일하는 사업자들도 많이 있다. 그러나 그들은 그들이 일한 만큼의 적은 수입을 얻고 있다. 그들은 대개가 주업으로서가 아니라, 액수가 적을지라도 부수입을 얻으려고 시작한 사람들이다.

　암웨이 사업을 하려면 돈을 많이 벌든가, 편하게 일하든가

둘 중의 한가지를 선택해야 한다. 편하게 일하면서 큰 수입을 올릴 수는 없다. 특히 신입 사업자일 때는 더욱 어렵다.

29. 신규로 가입하는 사업자가 회사에 들어가려면 처음에 재고를 어느 정도 사야하는가?

구입해야 하는 재고는 전혀 없다. 그런 제도는 투자할 자본이 없는 회사에서 보통 쓰는 방법이고, 암웨이 방식은 재고품을 사지 않고 사업자로 들어가는 것이다.

다시 말해서, 선취금 없이 사업자로 시작할 수 있도록 되어 있는 것이다.

30. 내가 아는 한 친구는 암웨이에 들어가더니, 완전히 그 일에 빠져버렸다. 그는 일로 호흡하고, 일을 먹고 사는 것 같다. 그렇게 일해야만 성공하는 것인가?

물론 아니다. 질문에서 묘사되었듯이 그렇게 일에 몰두해야만 성공하는 것은 아니다. 그러나 그런 종류의 증상은 사람들이 자신의 능력과 감정, 에너지를 한껏 쏟아 넣을 수 있는 새 일을 만났을 때 자주 나타나는 현상이다. 그리고 이런 증상은 자신이 좋아하는 연구 프로그램을 맡게 된 대학원생에게서 자주 나타나고, 스키와 같은 새로운 스포츠에 몰두하게 된 운동선수에게서 나타난다. 이들은 그 일 외에는 어떤 것도 생각할 수가 없다.

그리고 새로운 암웨이 사업자들에게서도 그와 같은 증상이 자주 나타난다. 일을 잘하는 사람일수록 더 그러는 것 같다. 사업을 성공적으로 해야겠다는 도전이 무한한 능력과 감정을 그 사업에 쏟아 붓게 하는데, 그것은 당사자들에게 기분 좋은 경험일 것이다. 그들은 자주 남다른 열정으로 일에 빠져들곤 한다.

그러나 암웨이 사업에 너무 빠져드는 것이 두려워서, 암웨이 밖에 남아있으려고 하는 사람들은 없다.

31. 미시건 주에 있는 공장에서 수 백 명의 노동자가 해고당했다는 이야기를 들었다. 좋은 회사가 그렇게 하는가?

암웨이는 1984년 초에 7천 명의 근로자중에서 몇 백 명을 해고시켰다. 감원은 암웨이 역사상 처음 있는 일이었다. 미국 신문들은 이 소식을 전국에 알렸다.

그러나 신문들은 해고되었던 근로자 전원이 일년 안에 조용히 재고용되어, 1985년 초에는 자신의 업무로 돌아갔다는 사실은 보도하지 않았다.

32. 암웨이는 밴 앤델과 디보스 중심으로 운영되는 것 같은데, 그들이 더 이상 회사를 운영할 수 없다면 그 때는 어떻게 되는 것인가?

그러한 문제는 당연히 있을 수 있다. 그러나 두 경영자는 자신들도 그 문제를 예상하고 있었고, 우발적인 사고에 대한 대비를 해놓았다고 말했다.

암웨이의 성장 초기에 암웨이는 대가족 같은 스타일과 개성을 가지고 있었다. 사업자 팀을 이끄는 리더는 서로 잘 알았고, 그들은 두 창업자와도 한 가족이나 다름없이 지냈다. 두 창업자는 여전히 활동적으로 회사를 운영하였고 중요한 결정들은 본인들이 내렸으나, 일반적인 경영은 중역들에 의해서 진행되는 일이 점차로 늘어났다.

벤처 잡지에 따르면, 미국에서 창업자가 소유주로서 계속 경영에 참여하는 회사들 중에서 암웨이가 세번째로 큰 회사라고 했다. 디보스와 밴 앤델이 회사의 기본적인 문제들에 대해서 더 이상 관여하지 않을 때, 2세들이 자연스럽게 그들의 지위를 찾을 수 있지 않겠냐는 생각은 좀 지나친 결론이라고 할 수 있었 시만, 현장에서 쌓은 경험과 체계화된 시스템을 바탕으로 95년부터 2세인 스티브 밴 앤델회장과 덕 디보스 사장이 훌륭하게 회사를 이끌어나가고 있다.

창업자 두 사람은 불의의 사고가 일어나, 현역에서 떠나게 되는 만약의 경우를 대비해 놓았기에 회사에는 큰 시상이 없을 것이라고 이야기하곤 했었다.

33. 암웨이가 언론에 나쁘게 보도되는 이유는 무엇인가?

정치 후보라든지 의학계의 새로운 발견이라든지, 또는 암웨이 같은 기업에서 새로운 일이 발생했을 때, 그 사실이 기사화되는 데는 일정한 패턴이 있다.

그 첫번째는 "발견의 단계"라고 할 수 있다. 새롭고 흥미로운 아이디어가 나오면, 언론은 비판없이 찬사를 아끼지 않으며 신속하게 대중에게 소개한다. 그러나 그런 종류의 관심이 지나가면, 언론은 긍정적으로 보도했던 기사를 다시 한번 다룬다. 이번에는 "역전의 단계"이다. 이 단계에서 언론은 그 사건의 부정적인 측면을 공격한다. 기자들은 사람의 일이란 너무 좋기만 할 수 없다는 관점으로, 이제까지 사실이라고 믿기에는 너무 완벽한 내용에서 신화적인 요소를 제거하려고 서로 다투어 파헤친다. 그런 다음 이렇게 부정적으로 고쳐 쓴 기사가 처음에 썼던 기사처럼 다시 진부해질 즈음에, 세번째 단계인 "균형의 단계로" 들어간다. 이제 그 문제는 더 이상 새로울 것도 흥미로울 것도 없다. 언론의 시각은 평범하고 균형이 잡히게 된다.

　매스컴을 관심 있게 지켜본 사람이라면 모든 종류의 뉴스가 이런 식으로 반복되는 것을 흔히 볼 수 있다. 어떤 때는 그 패턴이 몇 주에 걸쳐서 나타날 수도 있고, 어떤 때는 몇 년을 주기로 진행될 수도 있다.

　브레이크 댄스와 같은 일은 어떻게 보도되는지 한번 보자. 처음에 브레이크 댄스는 상당히 멋있는 춤으로 묘사된다. 그 다음 스토리는 겉으로 보기에는 멋있는 이 춤으로 어린 소년들이 허리를 삐거나 골절상을 입을 수 있다는 내용이 기사화 된다. 그리고 그 다음은 뻔한 이야기다.

　인공 심장 이식 수술에 관한 기사 역시 마찬가지다. 그 기사는 처음에 대담하다, 뛰어난 업적이다, 의사는 헌신적이고 환자는 용감하다로 나간다. 그리고 다음에는 수술에 드는 비용이 너무 비싸다, 인간을 실험대상으로 하는 도덕상의 문제, 그리고 기술적인 문제와 누구를 실험대상을 선택하느냐의 문제가 제기되다가, 결국에 가서는 이롭게 하는 것도 괴롭히는 것도 아닌 기사가 실린다.

　암웨이도 그런 식의 언론의 주목을 받고 있는 것이다. 암웨이는 보통 회사와는 다르다. 어떤 잡지는 하나의 기업이라고 보기보다는 "일종의 사회 종교적 현상"으로 보아야 한다고 주장했다. 그 잡지는 항상 암웨이를 다른 회사들을 훨씬 능가하는 사회와 정치에 연관된 일종의 사회운동으로 보았다.

1959년부터 1970년대 중반까지, 암웨이는 그러한 주목을 받기에는 너무나 작은 회사였다. 그러다가 2억 5천만 달러 매출 규모의 회사가 되고 사업지도 수없이 많아지자, 암웨이를 "발견한" 언론들의 관심은 상당히 호의적이었다. 틀에 박히지 않은 새로운 방식으로 운영되는 기업으로 노먼 로크웰의 만화가 묘사하듯이 그들 자신을 미국의 핵심으로 주장하는 중산층의 혁신적인 기업이라고 소개되었다.

그러나 그러한 호의적인 태도는 오래가지 못했다. 1970년대에서 1980년대로 넘어가면서, 언론은 제 2 단계로 접어들었다.

그리고 1985년 이후 현재의 암웨이는 부정적인 모든 여론을 견뎌냈다. 씨 없는 수박 이후로 가장 위대한 일인 것처럼 떠드는 것에 싫증난 언론은 암웨이의 기적의 이면을 캐내기 시작했다. 모든 신문, 심지어 지역 신문까지 암웨이의 허점과 문제점들을 강조하였다. 그러나 이 단계도 끝났다. 암웨이는 그러한 여론이 모든 시련을 이겨내고 대기업으로 부상했다. 그리고 매스컴은 다시 긍정적이면서도, 공평한 관점으로 돌아오고 있다.

암웨이 사람들이 느끼기에 대중 매체들이 어두운 면을 들춰낼 때는 호의적으로 보도할 때보다 더 열을 올리는 것처럼 느껴졌을 것이다. 어쩌면 그것은 사실일지도 모른다. 그것은 언론이 암웨이에 대해 적의를 품어서가 아니라, 언론의 속성이 그런 것이다. 대중의 속성이 그렇듯이 말이다.

이들은 칭찬하는 뉴스보다는 헐뜯는 뉴스에 더 관심이 많다. 이에 대해서 존 스타인벡(분노의 포도의 저자)은 이렇게 썼다.

"우리는 미덕을 존중하지만, 그에 대해 이야기하는 것은 좋아하지 않는다. 우리의 관심은 주로 정직한 회계보다는 횡령한 사람에게, 착실한 부인보다는 매춘부에게, 성실한 학자보다는 사기꾼에게 쏠린다."

이러한 단면을 잘 보여주는 굵직한 사건은 1970년대에 사회적 물의를 일으켰던 워터게이트와 베트남 사건이 그것이다. 1970년대에 있어서 "권력층"은 거의 언제나 비난을 받았고 언론은 정의의 편인 것 같았다. 그리고 당시의 기자들은 그들 이전의 기자들이 권력의 핵심인물들을 국가의 영웅으로 만들었던 것과는 달리 기만과 허위로 둘러싼 상층부로 묘사했다. 당시에 워터게이트 사건은 언론의 맹공격을 받은 유일하게 큰 사건이었다. 그리고 암웨이가 세상에 알려지기 시작하게 된 것도 이때쯤인 것 같다.

암웨이가 여론에 부정적인 이미지를 준 또 하나의 원인은 운영상에 문제가 있었다. 암웨이는 베들레헴 철강이나 록히드처럼 강력하게 하나로 통제되는 조직체로서, X 숫자의 고용인들이 판매부서의 계획에 따라 Y 숫자의 고객에게 물건을 파는 식으로 운영되는 회사가 아니다.

암웨이의 수백만 명의 사업자들은 그들 자신의 판매 팀을 가지고 그들의 가정에서 일한다. 그리고 그들 개개인은 암웨이의 경험을 이웃이나, 지역사회, 친구들에게 전한다. 그리고 때로는 잘못 전하기도 한다. 여론조성의 관점에서 본다면, 이런 방식은 매우 위험한 운영방법이다.

암웨이는 마치 무슨 의무감이라도 있는 듯이 이야기 거리를 만들어낼 소지가 다분한 사람들까지도 사업자로 받아들임으로써 문제점을 안고 있다. 만일 암웨이가 사업자들을 좀 가려서 뽑았더라면, 언론으로부터 그렇게까지 공격을 받지는 않았을 것이다. 아니면 여론이 관계된 문제에 대해서 사업자들을 좀더 엄격하게 관리했더라면 그 취약점은 좀 줄어들었을 것이다.

그러나 암웨이 간부들이 그렇게 했다면, 가장 기초적인 전통적 가치를 잃었을지도 모른다. 그 전통적 가치란 자유로운 기회를 부여하고 일을 함에 있어 최선을 다하는 것을 말한다. 그들은 암웨이의 신화가 사입자의 모집에 제한을 두지 않았기 때문에 이루어질 수 있었다고 지적한다. 밴 앤델은 이렇게 말했다.

"자본이 없거나 특별한 기술이 없는 사람들에게 너무나 많은 회사가 문을 닫아놓고 있습니다. 다시 말해서, 아메리칸 드림은 시간이 갈수록 제한되고 있는 거죠. 그러나 암웨이는 그렇게 하지 않습니다. 우리는 계속해서 모든 사람에게 기회를 줄 것입니다. 밑천이 없거나 특별한 재능이 없는 사람일지라도 말이죠. 물론 사업자를 좀 까다롭게 선택해서 일부 문제들을 피해갈 수도 있습니다. 하지만 우리마저 제외시켜 버린다면 그들은 어디에 서야합니까? 사람들에게 열린 기회를 줄 수 있다면 우리는 기꺼이 몇 가지 위험을 받아들이겠습니다."

34. 사업자로 성공하는 사람들은 어떤 사람들인가?

이 질문에 대해서 정확히 대답하기는 어렵다. 인구통계학적으로 연구하고 분류한다해도, 어떤 종류의 사람들이 성공한다는 공식은 나오지 않는다.

암웨이도 다른 분야처럼, 좋은 학벌, 사업 경험, 전문직 경력 등이 도움이 될 수 있다. 그러나 그런 조건을 가진 사람들이 반드시 암웨이에서 성공하는 것은 아니다. 암웨이에서 크게 성공한 사람들 중의 많은 사람들이 그런 조건을 갖추지 못한 사람들이다.

암웨이에서는 자본도 없고, 대학을 나오지 못하고, 특별한 개성이 없는 사람들이 들어와서 크게 성공하는 예가 많다. 이러한 예들은 성공하는 사람들의 부류를 인류통계학적으로 분류하려는 시도가 얼마나 우스운 일인지 입증하는 것과 같다. 암웨이에는 이처럼 별 볼일 없는 사람들이 부자가 된 예가 수도 없이 많다. 결코 예외적으로 성공한 것이 아니다.

그런가 하면, 최근 10년 동안에는 고급인력에 속하는 전문인들이 암웨이에서 많은 성공을 거두고 있다. 암웨이의 초기에는 임금을 받는 근로자층에 어필이 잘되는 편이었다. 암웨이 사람들이나 일반인들 모두 고급인력이 암웨이에 들어온다고 해도 그들이 동료들에게 가서 암웨이 사업에 대해 납득시키기가 어려울 것이라고 생각했었다. 그런데 그렇지 않다는 것이 드러난 것이다. 잘 사는 사람들과 고급인력도 이런 종류의 사업에 관심이 많다.

사람들은 대부분 말을 잘하고 설득력 있는 사람이 암웨이에서 성공할 것이라고 믿는다. 이 사업이 말을 잘해야 하는 것은 사실이지만, 이제까지 성공했던 사람들이 모두 말을 잘하고 설득력이 있었던 것은 아니다. 사업자들이 일반인보다 더 요령 있게 말하기는 쉽지 않다. 그들이 암웨이에 들어와서 설득력 있게 말을 하는 법을 배웠을 수는 있지만, 적어도 처음에 들어올 때는 그렇지 않았다. 사업자들은 이런 말을 자주 한다.

"내가 처음 들어왔을 때는 조용히 기도하는 것조차 힘들 정도로 수줍음이 많았어요."

또한 사람들은 사업자가 되면, 사업자가 되자마자 방을 가득 메운 사람들 앞에 나가서 자연스러우면서도 장황하게 사람들을 설득하는 일을 해야 할거라고 생각한다. 실사 그것이 사실이라고 하더라도 사업자로 재밌되는 사람들 중에 설득력을 지닌 사람은 거의 없었다. 그리고 회사는 처음 사업자가 된 사람에게 사람들 앞에서 말해보라고 시키지도 않는다. 새로운 사업자가 처음 하게 되는 일은 기존 사업자로부터 "개별 교육"을 받고, 그 사람이 설득하는 것을 듣는 것이다. 사업자들은 많은 사람들 앞에 서는 두려움을 해결할 필요 없이, 자신에게 맞게 소규모로 사업을 시작할 수도 있다.

많은 사람들이 떠어난 암웨이 지도자들을 만나게 되면 놀라는 것을 볼 수 있다. 이 지도자들은 보통 우리가 생각하는, 활달하고 강매를 잘할 것 같은 사업자의 스타일과는 사뭇 다르기 때문이다. 사람들은 이들이 남의 집 안방까지 쳐들어가는 뻔뻔스럽고 입심 좋은 그러면서도 재주가 많은 수퍼맨이나 수퍼우먼이 아니라, 우리와 별로 다를 것이 없는 사람들인 것에 놀라게 되는 것이다. 이 지도자들 역시 열심히 일해서 크게 성공한 지극히 평범한 사람들이다.

  암웨이에서 부와 명성을 얻은 사람들이 어떤 부류라고 말하기는 어렵다. 그 이유는 다양한 경력과 학벌, 종족, 연령과 개성을 지닌 사람들이 성공하고 있기 때문이다.

10
군중 속의 얼굴들

일반 대중들이 흔히 볼 수 있는 암웨이의 초상화는 집단 초상화, 즉 단체 사진이다. 그러나 "일반적"인 암웨이 사업자들을 생각하는 데만 주의를 기울인 나머지 그 무리 속에 있는 개개인의 얼굴은 간과하기 쉽다.

사실상 암웨이 사업자들은 수위의 다른 식상인들보다 너 새비 있는 성격을 가지고 있다. 일반 대중의 주의를 끄는 사람들은 바로 성공에 뚜렷한 주관을 가진 암웨이의 승리자들이며, 암웨이의 귀한 인적자원들을 철저히 발굴해내어, 핵심 멤버로서의 역할을 톡톡히 해낸 특별한 개개인들이다. 암웨이는 남다른 정력과 야망, 미래의 비전을 가진 사람들을 끌어들여 그들에게 보상하는 힘이 있으며 결국 그런 사람들은 무리 가운데서 두드러져 보이게 마련이나.

당신이 속한 사회에 살고 있다면 틀림없이 이웃이 주의를 끌었을 것이 분명한 암웨이 사업자 몇 명에 대해 간단히 소개하고자 한다. 다음은 암웨이 관찰자들이 관찰하기 좋아하는 그런 유형의 암웨이 사람들에 대한 이야기다.

미스터 앤드 미시즈 아메리카
(Mr. & Miss America)

당신의 어머니에게 암웨이사가 얼마나 훌륭하고 건전하며 감탄할 만한가를 보이고 싶다면 일요일 저녁 만찬에 밀러 부부를 집으로 초대하는 것이 가장 좋을 것이다. 그들은 순수하고 단정하며 암웨이가 표방하고 있는 긍정적 가치에 대해 모든 미국인들의 본보기가 될 수 있는 사람들이다.

밀러 부부는 삼십대 초반으로 노스캐롤라이나 주의 랠리에 살고 있다. 그들의 삶은 소설책에나 나오는 이야기처럼 들린다. 폴 밀러는 노스캐롤라이나 대학의 빠르고 영리한 축구선수였는데, 명령하지 않아도 코치에게 "선생님" 하고 경어를 붙이는 예의바른 사람이었다. 그는 소녀들이 뒤를 졸졸 따라다니는 인기 있는 운동 선수 가운데 하나였지만 그런 점에 별로 신경 쓰지 않았다. 한편 데비 밀러는 어느 모로 보나 폴의 짝일 수밖에 없었다. 그녀는 웨스트 포리스트 소속의 밴드걸이었는데 외야석에 앉은 관람객들이 쌍안경을 가져왔으면 좋았을걸 하고 후회하게 만들 정도로 예쁜 외모를 가지고 있었다. 그들의 만남은 바이올린이 연주되고 있던 어느 결혼식장에서 이루어졌다. 완벽한 만남이었다.

이러한 이야기는 대개 축구 선수는 술마시기 좋아하고 중고차를 판매하는 배가 나온 대머리 중년이 되고 밴드걸은 나이 삼십만 되어도 매력을 상실하여 초라한 여자가 된다는 식으로 끝을 맺는다. 그러나 밀러 부부의 이야기는 그런 식으로 전개되지 않앉다. 그는 법학부를 거쳐 훌륭한 변호사가 되었고, 그녀는 그녀의 미소와 몸매를 잘 관리하여 여전히 아름다웠다. 그들의 손이 닿는 것은 모두 가치있는 것으로 변했다.

물론 암웨이 사업도 그러했다. 폴 밀러는 법대에 다니면서 아내 데비와 함께 암웨이 사업자가 되었고 지금은 암웨이 사업을 통해 많은 돈을 벌어들여 암웨이 판매에만 전념하기 위해 결국 그의 법률 사무소의 문을 닫은 채 전문적으로 판매에만 전념하고 있다. 데비는 가정을 돌보면서 암웨이 사업자로서의 몫을 해내며 품위가 있어 보인다. 폴은 사업을 경영하고 테니스를 즐기는-물론 그의 개인 테니스코트에서-여유를 가지고 있어 그 역시 풍채가 근사하다.

당신의 어머니에 "새로운 암웨이"를 소개하기를 원하는가? 그렇다면 어느 날 일요일 저녁 만찬에 밀러 부부를 집으로 초대하라. 그보다 더 좋은 방법은 없을 것이다.

오! 캐나다여!

이상할 정도로 자신의 출신지방 특성을 강력하게 나타내고자 하는 사람들이 있다. 아마도 그들은 스스로를 자신이 태어난 시역의 대표로 여기는 것 같다. 짐 잰즈는 바로 그런 사람이다. 캐나다 서부 태생인 그는 아내 샤론과 함께 밴쿠버에서 암웨이 사업을 시작하여 지금은 북미 지역에서 가장 커다란 사업체로 성장해 있다.

짐은 활력과 생명력, 개척 정신, 그리고 캐나다 서부인의 특성인 일을 향한 솟구치는 의욕을 가진 인물이다. 누군가가 그를 캐나다 국립 기마 경찰로서 포스터에 붙여도 좋으리라고 말할 정도로 그는 박력있는 사람이었다. 그는 흥분하게 되면 이런저런 말을 하기보다는 우렁찬 소리로 외친다. 웃을 때는 실내가 흔들릴 정도로 호탕하게 웃으며, 일단 일을 시작하기만 하면 원하는대로 모든 것을 다 해내는 사람이다.

짐과 샤론은 알베르타의 보수적 성향이 강한 종교적 환경 속에서 성장했고, 짐 부부가 이십 년 전 암웨이 사에 입사할 때만 해도 짐은 캘거리에서 교편을 잡고 있었다. 그러나 지금은 많은 것이 달라졌다.

가난하던 학교 선생님은 이제 기대는커녕 추구할 시도조차 해보지 않을 부와 영향력을 가진 사회 저명인사가 되었다. 그렇지만 짐의 삶에서 기본적인 것은 변하지 않았다.

짐 부부는 여전히 기독교 신앙 활동에 깊이 몰두해 있다. 그래서 그들은 고향과 종교적 서약을 최고의 우선 순위로 간주한다. 샤론은 아직도 시골소년들의 심장을 녹일 수 있는 미소를 가지고 있다.

그들에게 변한 것이 있다면 이제 그들이 지지하고 있는 대의 명분에 바칠 더 많은 돈과 시간을 가지고 있다는 것이다. 그리고 짐의 사업 파트너로서 샤론은 앞으로 보다 많은 행복을 확보하고 있다는 것이다.

전문직을 팽개친 사나이

탐 페인은 치과 의사이다. 아니 정확히 말하자면 탐 페인은 치과의사였다. 치과의사였을 때, 그는 고향인 앨러배머 주 건터스빌 전지역을 통틀어 가장 장사가 잘되는 병원 중의 하나를 가진 매우 유능한 사람이었다. 그는 아내 캐롤린과 함께 엘러배머 주립대학 치의학부 재학 시절부터, 북아프리카에서의 해군 복무 기간, 병원설립에 이르기까지 피나는 노력을 함께 해왔다.

그러나 어느 날 그는 입원하게 되었고 비록 그의 병이 심각한 것은 아니었지만, 그 일을 계기로 그는 전문의(의사)라면 절대적으로 의존하는 병원이 갖고 있는 재정적 불안정에 대하여 생각하기 시작했다. 페인 부부는 제 2의 직업을 찾기 시작했고 암웨이에서 그 일을 찾게 되었다. 그리고 십오 년이 지난 지금 탐은 그의 병원을 팔고 암웨이를 통해 벌어들이는 고소득으로 호화롭게 살고 있다.

페인 부부는 건터스빌을 좋아한다. 호숫가에 있는 그들의 저택은 이상적인 집은 이 정도는 되어야 한다는 그들의 생각과 거의 완벽하게 일치할 정도로 훌륭하다. 게다가 안락함을 즐길 시간이 전보다 더 많기 때문에 그곳을 떠날 이유를 찾지 못한다.

또한 그들은 조지아주 비카누에 산처럼 높은 집과 콜로라도 주 스팀보우트 스프링에 스키콘도를 소유하고 있다.

아들은 샤타누가에서 매우 고급스럽고 학비가 비싼 예비 학교 베일러 스쿨에 다닌다. 탐 부부는 치과업에 미련이 남은 것 같지는 않다. 왜냐하면 암웨이 사업은 치과업이 그들에게 제공해 주던 모든 경제적 보상에 덧붙여 보다 큰 안정과 평화를 가져다주고 있기 때문이다.

행복한 대가족

암웨이 사람들은 자기 회사를 "행복한 대가족"이라고 부르곤 한다. 특히 캘리포니아주 북부의 산호세에 사는 델리슬 부부의 경우 그 표현이 제격인 것처럼 보인다.

델리슬 부부는 1926년 샌프란시스코로 이주해 왔다. 프랭크 델리슬은 매사추세츠에서 식자공으로 일했고, 더 나은 생활을 찾아 캘리포니아로 이주하게 되었다. 그리고 그는 다른 곳이 아니라 바로 암웨이에서 그 이상적 상황을 찾게 되었다. 암웨이사에 입사한지 몇 달 후에 그는 인쇄소 일을 그만두었고, 그후로 줄곧 암웨이에서 활동함으로써 생계를 유지했다. 델리슬 부부는 이제 델리슬이 전에 일했던 회사의 사장이 벌어들이는 것보다 훨씬 더 많은 돈을 벌어들이는 크라운 사업자가 되었다.

델리슬 부부의 이야기에 있어 특이한 점은 그들 부부가 암웨이사에 입사했을 때 두 아들 프랭크와 데니스가 십대였다는 사실이다. 그 두 아들은 암웨이 판매업의 잠재성을 너무도 확신하여 결코 다른 직업을 가지려 하지 않았다. 그들은 둘 다 부인과 함께 제각기 판매망을 구축하여 수십만 달러 상당의 수입을 벌어들이며 암웨이 사업에 열중하고 있다.

꿈을 설계하는 사람

타고난 리더, 즉 모든 사람들이 따르고 싶어하는 사람, 보기 드문 지도력을 가진 인물들에 대해 사람들이 말하고 있는 것을 듣게 된다면 당신은 그들이 덱스터 야거와 같은 사람에 대해 말하고 있다는 것을 금방 알아차릴 수 있을 것이다. 그는 부와 수많은 충성스런 추종자들, 정치, 연예, 종교계의 인사들을 좌우하는 영향력을 가진 엄청난 성공을 이룩한 암웨이 최고 사업자의 전형이라 할 수 있다. 많은 상원의원과 주지사들이 야거로부터 걸려온 전화에는 반드시 답한다고 한다. 왜냐하면 그는 중요 인물이기 때문이다.

그는 암웨이 사업을 해나가면서 이러한 성공을 쟁취했다. 뉴욕 주의 한 작은 마을에서 성장한 그가 도대체 가치 있는 사업에서 주요 세력이 되리라고는 어느 누구도 예상하지 못했다. 야거는 아내 버디와 함께 맥주 대리점을 경영하며 살고 있었다. 야거 부부는 작은 집에서 살았고 낡고 녹이 슨 자동차를 몰았다. 그는 전문적인 기술도 없었고 교육도 거의 받지 못했으며, 그의 대부분의 친구들과 마찬가지로 별볼일없는 생활을 영위했다.

그러나 그가 암웨이와 만나게 되었을 때, 그 암웨이의 가장 뛰어난 전설적 인물 중의 하나가 되게끔 한 독특한 재능들이 빛을 발하기 시작했다. 야거의 리더십 특성은 이렇다 할 정의를 내리기 어렵다. 위압할만한 체구를 가진 것도 아니고, 흔한 말로 타고난 화술가가 아닌데도 불구하고 사람들 속에 잠재되어 있는 꿈과 야망을 불러일으킬 수 있었기 때문이다. 야거는 사람들이 자기를 믿도록 만드는 힘이 있었다.

지금 야거는 캐롤라이나 주 북부 샬롯트에 살고 있으며 많은 대중 매체의 관심의 초점이 되고 있다. 이들 부부의 암웨이 사업 성공과 그에 수반한 삶의 방식은 신문, 잡지 기사로 쓰여지고 전국의 텔레비전에도 방영되어 크고 작은 모임에서 수많은 사람들의 입에 오르내리게 되었다. 이는 가난뱅이에서 부자가 된 전형적인 암웨이의 이야기이며, 암웨이 사업에서 보잘것없는 초기 단계부터 얼마 만큼 성장할 수 있는가를 보여주는 극적인 사례라 할 수 있다.

기묘한 커플

매사추세츠 주 하버힐에 사는 파트너 입장으로 회합을 이끄는 두 명의 암웨이 리더가 있다. 이들은 성공적인 암웨이 사람들 속에서 찾을 수 있었던 "대조"라는 특징을 여실히 보여주는 예라 할 수 있다. 한 사람은 전자제품 수리점 기사라는 전직을 가진 키 작은 백인이고 다른 한 사람은 철학 박사이자 심리학자 출신의 흑인이다. 그들은 암웨이 사업을 제외하고는 어떠한 공통점도 갖고 있지 않지만, 암웨이 사업에 있어서는 이상적인 동업자라 할 수 있다.

지하실에서 벗어나

최근 암웨이의 한 주요 임원은 회사가 "건물 지하실에서 벗어나 중심가로" 나아가고 있다고 말했다. 이는 최근 들어 암웨이 사업을 전문직업으로 고려하여 사업에 전문성과 영업전략을 도입하고자 하는 젊은 부부 사업자들이 많아졌음을 두고 하는 말이었다.

이러한 새로운 유형의 젊은 전문가들의 표본은 짐 도넌과 낸시 도넌 같은 사람들이다. 캘리포니아 남동부에 살고 있는 이들은 젊고 매력적인 커플이며, 암웨이의 최고 사업자로 손꼽히고 있다. 암웨이에 가입했을 당시 짐은 퍼듀 대학을 졸업한 엔지니어였고 낸시는 언어장애 교정 전문가였다. 짐은 다이렉트 사업자가 된지 일년이 못되어 더글러스 항공에서의 일을 그만두고, 그때부터 보다 나은 식종의 전문가가 되겠다는 일념으로 암웨이 사업을 수행해 나갔다.

"암웨이 판매업은 비지니스다. 따라서 우리는 그것을 비지니스처럼 다룬다"

라고 그는 말한다.

"이일은 우리가 여분의 부수입을 위해 하는 하찮은 돈벌이가 아니다. 암웨이 판매업은 하나의 도전이고 흥미를 불러일으키기에 충분할 만큼 복합적 요소를 갖춘 가치 있는 경영이며 마케팅 활동이다."

두 사람이 선택한 사업 접근 방법은 성공적이었다. 그들은 크라운 사업자가 되었고, 그들의 경영법을 다른 사업자들에게 알려주기 위해 해마다 수 차례씩 전국을 방문한다.

"나는 한낮까지 잠이나 자려고 암웨이 사에 들어온 것이 아니다. 우리는 다른 직업에서 성공한 사람들이 일에 도입한 것과 같은 전문적 기술을 우리 사업에 끌어들이도록 노력해야 한다" 라고 도넌은 말하고 있다. 적어도 도넌 부부의 경우에 있어서 암웨이에 도입된 전문성은 명백히 성과를 올렸다고 할 수 있다.

잘 사는 것이 최상의 복수다

메인 주의 포틀랜드에 사는 팀 브라이언과 쉐리 브라이언은 어린 자녀를 가진 젊은 부부로 팀은 고등학교 선생이었고 쉐리는 법률 회사의 비서로 열심히 일했다. 그들은 항상 충분한 돈을 벌어들이지 못한다는 중압감을 느꼈고, 그렇다고 앞으로 출세할 수 있을 것 같지도 않았기 때문에 좌절감을 느끼고 있었다.

이들 부부가 암웨이 사업에 뛰어들기로 결정했을 때, 아무도 격려해주지 않았다. 쉐리의 회사 동료들 대부분이 그녀의 시도에 대해 정신나간 짓이라고 비난했다. 친구들은 브라이언 부부가 결코 사업을 잘할 수 없을 거라고 장담했다.

브라이언 부부는 첫 회합에 스물세 쌍의 커플을 초대했으나 아무도 나타나지 않았다. 팀은 회합에 아무도 얼굴을 들이밀지 않을까 걱정하느라 너무도 기가 질려 회합에 가던 도중 속이 메스꺼워 메스꺼움이 가라앉을 때까지 차를 길가에 세우곤 했던 것을 지금도 생생히 기억한다.

 그들은 그 힘든 시간들을 버티어냈고 결국 사업은 성공적으로 뿌리를 내렸다. 그들은 불과 몇 년 전만 해도 꿈꾸지 못했던 최신식으로 살아가는 부유한 집안 중 하나가 되었다.

 "나의 첫 번째 꿈은 우리의 작은 아파트보다 두 배 넓은 이동식 주택으로 이사하는 것이었다."

 라고 쉐리는 기억한다.

 "그리고 결국 우리는 전에 내가 일했던 법률 사무소의 변호사의 옆집으로 이사했다."

 팀과 쉐리에게 있어 가장 큰 이득은 무엇이었을까? 아마도 다음과 같은 것이었을 것이다.

 "암웨이 사업을 벌이느라 밤에 아이들만 두고 일하러 나가는 나를 회사의 여직원 동료들이 혹독하게 비난했다. 그것은 내겐 고통이었다. 그러나 오 년이 흐른 지금, 역시 자녀를 둔 그들은 아직도 일하고 있고 나는 매일 아이들과 많은 시간을 함께 하며 여유로운 시간을 보낸다.

 나는 쌍둥이를 두었는데 세살이 채 안되어 보육원에 보내기 시작했다. 나는 그 동안 아이들을 잘 돌보지 못했었다. 이제 나의 어린 아이들과 함께 나는 첫단계부터 새롭게 시작할 것이다. 이것이 바로 암웨이가 팀과 나에게 준 보답이다."

기묘한 커플(2)

캘리포니아와 유타에서 동업하고 있는 두 명의 사업자만큼 서로 완전히 다른 직업을 가지고 살아갔던 경우는 없었을 것이다. 그 중 한 사람은 쓰레기 수거인으로 일했던 적이 있는 고등학교 중퇴자이다. 그는 정신과 전문의를 암웨이로 끌어들여 둘 다 성공적인 직영의 독점 판매 대리점을 차렸다. 이들 경우에 있어 정신과 의사에게 충고와 지도적 수완을 제공했던 사람은 바로 그 청소원이었다. 그가 정신과 의사와 동업한다는 사실 때문에 불이익을 당했겠는가? 그는 이렇게 힘주어 말한다.

"전혀 그렇지 않다. 나는 모든 친구들에게 하나의 본보기로써 그를 이용했다. 그들에게 말하길 정신과 의사도 암웨이 판매업을 할 수 있다면 청소원이 그 일을 하는 데는 전혀 어려움이 없지 않겠는가?"

말더듬이에서 유창한 연설가가 되기까지

암웨이가 정말로 한 인간의 삶을 변화시킬 수 있을까? 금전 문제에 있어서는 물론 그렇다. 그러나 다른 면에서도 삶의 변화를 가져올 수 있을까?

댄 윌리엄즈는 그렇다고 말한다. 그는 암웨이의 가장 세련된 연설가 중의 한사람으로 바브 호프도 부러워할 만큼 기지가 넘쳐흐르는 익살의 대가이다. 암웨이 사람들이 가장 뛰어난 대중

연설가에 대해 말할 때마다 그들은 댄 윌리엄즈라는 이름이 항상 거론되는 것을 들어 왔다.

그러나 상황이 항상 그랬던 것은 아니었다. 그와는 반대로 그가 암웨이사에 들어오기 이전 그와 아내 버니와 루이지애나 주 바턴루즈에서 기술공의 봉급으로 살았을 때, 그는 거의 의사 소통이 불가능할 정도로 매우 심하게 말을 더듬었다. 그는 약, 정신요법, 최면술, 언어장애 교정소 등 온갖 치료 방법을 다 써 보았으나 허사였다.

그가 처음 암웨이 사업자가 되기로 작정했을 때는 더 많은 돈을 벌어보자는 남들과 같은 이유에서였다. 그러나 그의 사업이 커나가면서 자신감 또한 커졌으며 따라서 언어 장애에 대한 심각한 고민이 상대적으로 줄어들게 되었다. 수개월 이내에 윌리엄즈 부부는 계속해서 발전하는 암웨이 사업뿐만 아니라 댄의 언어장애의 치료를 위한 전혀 예상치 못한 특별수당까지 받았다.

열두 해가 흐른 지금 윌리엄즈 부부는 캘리포니아주 산타바비리에서 궁궐 같은 저택에 살고 있다. 그들은 사업을 확장하여 수 만명으로 이루어진 암웨이 사업자 네트워크의 최고 리더로서 존경받는 인물이 됐다. 그리고 그들은 부유층들의 이미지에 걸맞는 유행감각과 몸가짐새를 갖추고 있다. 요즘 댄의 연설을 듣는 청중들은 그가 전에는 결코 그렇게 유창한 연설가가 아니었다는 사실을 상상조차 못할 것이다. 그러나 그와 아내 버니는 다른 사람들보다 훨씬 더 암웨이에서 많은 것들이 변화되었고 그것은 돈 이상의 것을 의미한다는 것을 잘 알고 있다.

스키 리프트에서의 만남

암웨이 사업자들은 암웨이로 끌어들일 사람을 어디에서 찾는가?

한 쌍의 다이아몬드 사업자의 경우에는 문자그대로 스키 리프트 위에서 그들의 후원자를 만났다. 척 스텔리와 진 스텔리는 암웨이 사업에서 최고 리더로 활동 중이다. 암웨이에 들어올 당시 텍사스 대학에서 법학을 전공하고 있던 척은 암웨이 사업에 큰 흥미를 갖고 있었기 때문에 전공을 살려 취업하지 않고 학위를 받자마자 곧장 암웨이 사업에 뛰어들었다.

몇 년 전 그와 진이 휴가차 스키를 타러 갔을 때 그는 한 젊은 엔지니어가 함께 리프트에 타고 있다는 것을 알게 되었다. 그들이 산 정상에 도달하기까지 척은 그와 같이 탄 승객도 텍사스 사람이라는 사실을 알게 되었고 그 두 커플은 주말에 함께 저녁 식사를 했다.

스텔리 부부는 머무는 동안 씨그렌 부부와 교분을 나누었고 곧 그들을 암웨이로 불러들였다. 씨그렌 부부는 다이아몬드 사업자로 성장해서(스텔리 부부는 크라운이다) 지금은 암웨이의 사업에만 몰두하고 있다. 그 후로 네 사람은 알프스에서 스키를 함께 즐기며 관계를 계속 유지하고 있다. 암웨이 사업에 있어 그들은 이런 류의 일을 말 그대로 "일"이라 부른다. 그것은 멋진 생활이다.

틀에 박힌 일과 자유업

크게 성공한 암웨이 사업자들이 모두 제멋대로이고, 그들의 성공이 화려함과 열정에 기초를 둔 괴격한 유형의 사람들이라는 생각이 든다면, 브라이언 해즈라는 인물을 잘 관찰해 보아라. 아마도 그는 아내 미그와 함께 시카고 지역에서 최고의 암웨이 인물로 꼽히는 사람일 것이다.

브라이언 해즈는 전형적인 회사원 타입의 인물이다. 차분하고 미소를 잃지 않으며 차림새가 단정하고 매우 예의바르며 침착한 성격의 소유자인 그는 미소년 같은 얼굴과 컴퓨터 뺨칠 만큼 뛰어난 두뇌를 가지고 있다. 브라이언 해즈는 IBM과 같은 회사들이 그를 냉동식품 저장고에 넣고 모든 후진사원들을 복제해내도 좋을 만큼의 인물이다. 그리고 마그는 자신의 이미지 관리에 철저하다. 그녀는 내내 주니어 리그(상류여성들로 된 사회봉사활동 단체)회원이고, 아름다운 맞춤옷을 입으며 아주 매력적이다. 그녀는 너무나 젊어 보여서 언젠가 "과연 이 둘 중 누가 엄마일까?"라는 TV 상업방송에 등장할지도 모른다.

브라이언과 마그는 그들의 스타일과 딱 들어맞는 회사 배경 때문에 암웨이로 들어오게 된 것이다. 브라이언은 회사를 그만둘 경제적 여유가 생긴 이후에도 오랫동안 모토롤라 사의 임원으로 일했었다. 그는 회사 임원으로서의 생활을 누렸지만 결국 싫증이 나게 되었다. 브라이언은 생의 나머지를 위해 그가 더 이상 금도금한 호화로운 출퇴근 기록계에 출퇴근 시간을 찍어 대는 것을 원하지 않는다는 것을 알았다.

그래서 몇 달 동안 모토롤라 사에서의 봉급을 저축하여 돈이 없어 불편해지지 않을 것이 확실해 지자마자 암웨이 일에 본격적으로 뛰어들기 위해 모토롤라 사를 그만두었다. 여배우 엘리자베스 앨리는 언젠가 이런 식으로 위와 같은 일을 설명했다.

"처음엔 탭댄스가 재미있을지라도 얼마 후면 당신은 싫증을 느끼게 된다."

브라이언 해즈가 들었다면 틀림없이 그 말에 동의했을 것이다.

고정관념으로부터의 탈피

암웨이에 대한 고정관념을 깨는 문제라 하면, 스튜어트 멘의 경우가 해결해 줄 것이다. 전에 누군가가 당신에게 암웨이에서 크게 성공한 사람들은 (1)노동자 계급에 속하고 (2)청교도이며 (3)작은 마을에 살고 (4)기혼이며 (5)중서부 출신이라고 말하려 하지 않았던가? 스튜어트 멘은 미국에서 가장 성공한 암웨이 사람 중 하나지만 위의 요건에는 해당 사항이 한 가지도 없다. 그는 현재 샌디에고에 살고 있으며 브롱스 출신의 미혼남으로 유태인 의사이다.

시골 소년임을 감사히 여겨라

로이드 클레이풀과 도나 클레이풀은 시골에서 태어나 자란 시골 아이들이었다. 이들은 남부 일리노이의 농촌에서 어린 시절의 친구로서 성장했다. 고되게 일해야 하는 다른 농장 아이들과 마찬가지로 이들도 역시 미래에는 보다 크고 좋은 것을 갈망했다. 그러나 둘 중 어느 누구도 보다 나은 것을 얻기 위해 친숙한 고향 땅을 떠나기는 원하지 않았다.

신혼 초부터 클레이풀 부부는 일리노이 시골 지역에서 멋있는 인생의 힘 닫면을 이룩하려고 애쓰며 열심히 일했다. 로이드는 하루에 18시간 일하는 것이 보통이었던 시기도 있었다고 말한다.

그와 그의 형은 자동차 부품점과 자동차 차체 공장을 운영했고 24시간 자동차 견인 서비스도 겸하고 있었다. 아침 8시에서 저녁 7시까지 쉬지 않고 일한 후 공장을 나설 때에는 로이드의 하루의 반이 끝나 있었다. 그는 또한 옥수수 농사를 짓고 있었고, 친 마리의 돼지를 사육하고 있었다. 공장에서 퇴근 후 그는 농장에서 새벽 2시까지 일을 했다.

그리고 그의 노력뿐만 아니라 아내 도나까지 맞벌이를 했는데도 불구하고 클레이풀 부부는 금전적인 성공을 이룰 수 없었다. 그럭저럭 현상유지는 해 나갔지만 더 많은 돈을 벌지는 못했다.

1970년에는 사업이 더 악화되기에 이르렀다. 제너럴모터스의 파업으로 가게로 들어오는 자동차 부품 공급이 중단되었고,

돼지 가격이 폭락했으며 수확 직전에 옥수수 마름병이 퍼져갔다. 이들 부부가 바쁜 와중에도 암웨이 사업을 시도해 보기로 결정했던 바로 그 때였다.

암웨이에서의 성공은 클레이풀 부부에게 쉽게 다가오지 않았지만 결국 오고야 말았다. "우리는 이렇다할 기록을 세우지는 못했지만 항상 제자리에서 우리가 할 수 있는 일을 꾸준히 했다"라고 로이드는 말한다.

클레이풀 부부가 암웨이에서 화려하고 갑작스런 성공 이야기는 만들어내지 못했을지라도 꾸준한 성실함으로 오늘날 암웨이의 최고 리더로 성장한 매우 훌륭한 경우라 할 수 있다.

클레이풀 부부는 지금도 암웨이 사업을 시작했던 그 작은 마을에 산다. 그러나 지금 그들은 고급 승용차와 유럽 여행, 수십만 달러의 수입으로 안락함을 누리며 그 지역의 선망의 대상인 "꿈의 집"에 살고 있다고 도나는 말했다.

"우리는 아이들이 시골에서 성장하기를 원했다. 아이들의 조부모가 여기 사셨고 우리도 좋아했기 때문이다. 암웨이는 우리에게 이제는 시골에 머물 수 있도록 선택의 여유를 부여했고 우리는 항상 꿈꾸어 왔던 삶의 모습으로 여기에 살고 있다."

최고의 삶

미국의 저명한 심리학자 중 한 사람인 윌리엄 제임스는 "인간이란 가장 정력적으로 살 때 진실로 사는 것이다"라고 말했다.

노스캐롤라이나 주 차펠 힐 출신으로 암웨이의 리더인 빌 브리트를 비롯하여 "진실로 산다"는 그 표현에 어울리는 사람들이 몇몇 있다. 브리트는 한 가지 일에 집중하는 성격의 인물이다. 그는 그가 믿고 신봉하는 바를 알고 진정으로 일을 맡은 사람답게 추진력을 가지고 확고하게 그것을 추구한다. 만일 암웨이를 군대로 친다면 빌 브리트는 조지 패튼 장군일 것이다.

브리트가 그의 부대를 이끌고 전투에 참가하는 모습을 쉽게 떠올릴 수 있는 이유는 항상 그 스스로가 지도자적 자질을 갖추어 왔기 때문이다.

사실 그는 육군 수위로서 한국전에 참전하기도 했다. 전쟁 후 그는 고국에 돌아와서 시청에 들어가 시 공무원이 되었고 그 때 그와 그의 부인 페기는 암웨이의 사업자가 되었다.

인내력, 지도력, 강렬한 욕망을 두루 갖춘 브리트야말로 암웨이에 가장 적합했고 그래서 그는 오랫동안 그 사업에서 중요한 인물이 되었다. 그는 암웨이 직업 사업자라는 성격을 지닌 밝고 적극적인 젊은 남녀로 이루어진 소단체를 조직내에 만들었다. 그는 끊임없이 움직이며 일대일 판매 방식을 가지고 그들과 함께 일하며 단체정신을 육성하여 그의 조식 전체에 확산시켰다.

암웨이 사업에 그의 모든 정력을 쏟아 부은 결과로 그는 고소득뿐만 아니라 그의 조직내의 사람들로부터 특별한 믿음과 애정을 얻게 되었다. 그들에게 브리트는 그곳에서 최고의 사람이었다.

탐 왈프는 리더에 대해 다음과 같이 말했다.

"그가 착륙하는 곳이면 그의 주위에 불빛이 휘황찬란하게 그를 비춘다. 거기가 바로 그가 있어야할 곳이다."

빌 브리트에게 암웨이는 단지 돈을 벌기 위한 수단이 아니다. 암웨이는 대의명분이며 헌신의 대상이고 축복이다. 그리고 그 모든 것이 하나로 합쳐진 곳이 바로 암웨이다.

160 지켜야 할 약속